INHALT

5	Vorwort Nicolette Baumeister
6–9	Museum der bayerischen Könige, Hohenschwangau
12–97	Ausgewählte Projekte Architektur in Oberbayern
100–101	Standorte der Architekturbüros
102–116	Architektenverzeichnis
117	Redaktion, Herausgeber
120–122	Sponsoren
123	Impressum

Vorwort

Aktuelle Architektur in Oberbayern

Regionale Baukultur in Oberbayern? Das sind gemeinhin idyllisch gelegene Kirchen mit Zwiebeltürmen, große herrschaftliche Bauernhöfe und nicht zuletzt die berühmten Schlösser der bayerischen Könige. Und die zeitgenössische Architektur? Auch die stößt – bei aller Postkartenidylle – auf immer mehr Interesse. Gerade dort, wo man Innovation vielleicht am wenigsten erwarten würde, sorgen hervorragende Beispiele für Aufmerksamkeit und Akzeptanz. Kein Zufall also, dass ausgerechnet das „Museum der bayerischen Könige" in Hohenschwangau den Auftakt zur Dokumentation der aktuellen Architektur in Oberbayern bildet. Hier, inmitten des touristischen Zentrums Bayerns, ist ein Museum entstanden, das keinen internationalen Vergleich scheuen muss. Der Berliner Architekt Volker Staab zeigt mit dem Umbau des ehemaligen Grandhotels Alpenrose beispielhaft, welche Ausstrahlung und Poesie zeitgenössische Architektur gerade in einem so sensiblen Umfeld entfalten kann. Chapeau! Und so sei dem Architekten Volker Staab auch verziehen, dass er sein Büro in Berlin hat und nicht in Oberbayern, was eigentlich Kriterium für die Aufnahme in das vorliegende Buch gewesen wäre. Denn: Die Buchreihe widmet sich in erster Linie der Identität der Regionen, ihrer spezifischen Baukultur, deren Urhebern und Protagonisten. Um hier eine klare Abgrenzung zu erhalten, bleiben – das mag manchen überraschen – die Bauten in München außen vor.

Und wie sieht es nun aus mit der Identität Oberbayerns als Architekturregion? Gibt es eine eigene Architektursprache, einen besondere Verwurzelung der Urheber und Planer in ihrer Heimat? Erkenntnis der für die Auswahl der dokumentierten Projekte zuständigen Jury: Wohl eher selten! Anders als bei den dieser Dokumentation vorausgegangenen Bänden zur aktuellen Architektur in der Oberpfalz mit ihrem ländlich und kleinstädtisch geprägten Raum und einer gut vernetzten, regional verankerten Architektenschaft laufen in Oberbayern die meisten Fäden in München zusammen. Hier haben die meisten Architekten der dokumentierten Projekte ihren Bürositz. Trotzdem ist es der Jury gelungen, eine Auswahl zu treffen, die nicht nur die Vielfalt und Qualität des Architekturschaffens in der Region abbildet, sondern darüber hinaus das besondere Engagement der Planer – und auch der Bauherren! – deutlich werden lässt.

Die Jury, das waren Andres Lepik, der als (zum Zeitpunkt der Jurysitzung noch designierter) neuer Direktor des Architekturmuseums München seinen als international tätiger Ausstellungskurator geschulten Blick in die Auswahl einbrachte. Weiterhin Ira Mazzoni, deren profilierte und kenntnisreiche Architekturkritiken landesweit geschätzt – und manchmal auch gefürchtet – sind. Nicola Borgmann, die 2011 für „die Entwicklung der Architekturgalerie München zu einem der wichtigsten Ausstellungsorte Deutschlands für Gegenwartsarchitektur, Städtebau und verwandte Themenfelder" mit dem Bayerischen Architekturpreis ausgezeichnet wurde. Und – eigens aus Wien angereist – Jakob Dunkl von Querkraft Architekten, der die hohen Maßstäbe der weithin gerühmten österreichischen Baukunst seinem unbestechlichen Urteil zugrunde legte. Die Diskussionen dieser qualifizierten und engagierten Jurymitglieder zu begleiten machte großen Spaß und war Inspiration und Ansporn für die weitere Arbeit an diesem Buch.

Lassen Sie sich also anstecken! Alt und Neu, Tradition und Moderne, strenge Funktionalität und zarte Poesie, Landschaft, Kunst und Kultur – die aktuelle Architektur in Oberbayern bietet ein Spektrum, das sich zu entdecken lohnt. Und wer länger bleiben will: Wunderbar übernachten kann man hier auch. Dafür liefern die im Buch dokumentierten Hotels einen überzeugenden Beweis.

Büro Baumeister
Nicolette Baumeister

MUSEUM DER BAYERISCHEN KÖNIGE, HOHENSCHWANGAU
Staab Architekten, Berlin

Das Museum der bayerischen Könige in Hohenschwangau ist in privilegierter Lage direkt am Alpsee unterhalb der Schlösser von Neuschwanstein und Hohenschwangau gelegen. Es vereint drei bestehende Gebäude: das ehemalige Grandhotel Alpenrose, das frühere Palmenhaus und den Speisesaal des Hotels sowie das Jägerhaus. Auf einer Ausstellungsfläche von etwa 1200 Quadratmetern ist die Geschichte des bayerischen Herrschergeschlechts der Wittelsbacher von den Anfängen bis zur Gegenwart dokumentiert.

Zwischen dem Jägerhaus im Norden und dem eigentlichen Hotel Alpenrose im Süden überspannt ein dreischiffiges Tonnengewölbe den vormaligen Speisesaal. Weil das Dach von beiden Königsschlössern aus zu sehen ist, legte man auf seine Gestaltung besonderen Wert. Es besteht aus Aluminiumschindeln und stellt als schimmernde Dachfläche in variierenden Rottönen eine Visitenkarte des neuen Museums dar.

Die beiden äußeren Gewölbe sind aufgeschnitten und geben den Blick in die Landschaft frei. Das mittlere Gewölbe bildet als zentraler Raum das Kernstück des Museums und ist repräsentativer Ausgangspunkt des Rundgangs. Im Zentrum glänzt der „Saal der Könige" mit einem prächtigen Tafelaufsatz aus vergoldeter Bronze: Die 40 Einzelteile erzählen die Nibelungensage und stehen schlicht inszeniert auf einem weißen Tisch.

In einem der beiden Seitenschiffe befindet sich der „begehbare Stammbaum", der die Geschichte einer der ältesten Dynastien Europas erzählt. Im zweiten Seitenschiff gibt ein 21 Meter breites Panoramafenster einen spektakulären Blick auf den Alpsee frei. In den Fensterrahmungen spiegelt sich gleichzeitig Schloss Hohenschwangau, obwohl es hoch oben auf dem Berg steht. Ein optischer Trick, der zum Verweilen auf der Ruhebank geradezu zwingt.

Im angrenzenden Jägerhaus wird der Ausstellungsrundgang fortgesetzt. Im Erdgeschoss des ehemaligen Hauptgebäudes ist eine Gastronomie mit großem Freibereich direkt am Ufer des Alpsees entstanden, in den oberen Geschossen ist zukünftig wieder eine Hotelnutzung vorgesehen.

Nutzfläche 3.000 qm
Ort Alpseestraße 27, 87645 Hohenschwangau
Bauherr Wittelsbacher Ausgleichsfonds, München, vertreten durch seine TG Schlosshotel Lisl GmbH & Co. KG, Hohenschwangau
Fertigstellung 2011
Auszeichnung Preis des Deutschen Stahlbaues 2012
Fotos Marcus Ebener, Berlin

Eichelgarten 2011 (Hudewald im Forstenrieder Park, München)

NEUBAU FINANZAMT, GARMISCH-PARTENKIRCHEN

Reinhard Bauer Architekten, München

Mit dem Neubau des Finanzamtes der Marktgemeinde Garmisch-Partenkirchen wurden die seit vielen Jahren auf mehrere Außenstellen verteilten Arbeitsbereiche an einem zentralen Standort zusammengeführt. Das Grundstück befindet sich im Norden am Ortsrand im strukturellen Übergangsbereich zwischen dicht bebautem Zentrum, lockerer Wohnbebauung und gewerblich genutzter Bebauung entlang der Bahnlinie. Das Konzept für den Neubau ging als Ergebnis eines im November 2007 durchgeführten Architektenwettbewerbs hervor.

Der zweigeschossige Holzbau beherbergt künftig rund 170 Mitarbeiter in modernen, klimatisch optimierten Büroräumen. Zwei parallel zueinander angeordnete, zweibündige Bürogebäude mit drei dazwischen liegenden Treppenhäusern umschließen die beiden mit Bambus bepflanzten Innenhöfe. Die klar strukturierte Holz-Glas-Fassade des rechteckigen Baukörpers wird durch ein weit auskragendes Dach und vorgelagerte Holzroste „gerahmt". Zusammen mit der ruhigen und großflächigen Freiraumgestaltung des Neubaus entsteht mit der beeindruckenden Bergkulisse im Hintergrund ein interessantes Wechselspiel.

Baukonstruktiv ist das zweigeschossige Gebäude eine einfache Stützen-Platten-Konstruktion aus Brettschichtholzstützen und elementierten Hohlkastendecken. Die geschlossenen Fassadenflächen bestehen aus hinterlüfteten Holzrahmenkonstruktionen mit einer vorgesetzten Schalung aus europäischer Lärche, die in Längen bis zu 18 Metern angeliefert und montiert wurde. Alle verglasten Bereiche bestehen aus Holz-Aluminium-Fenstern mit einer Dreifachverglasung. In den Bürobereichen wurde durchgängig ein einziges sich 440 mal wiederholendes Fensterformat verwendet. Sonnenschutz bieten Senkrechtmarkisen, sogenannte Screens. Die Innenwände der Büroräume sind überwiegend nichttragende Leichtbauständerkonstruktionen.

Das Hauptaugenmerk des Versorgungskonzeptes liegt auf der Nutzung natürlicher Ressourcen. Die Wärmeerzeugung erfolgt dabei über eine doppelte Wärmepumpenanlage mit Saugbrunnen. Das geförderte Grundwasser wird im Winter zur Wärmegewinnung und im Sommer für die Bauteilkühlung eingesetzt.

Nutzfläche 3.540 qm
Ort Dompfaffstraße 5, 82467 Garmisch-Partenkirchen
Bauherr Bayerisches Staatsministerium der Finanzen, vertreten durch das Staatliche Bauamt Weilheim
Fertigstellung 2011
Auszeichnung 3. Wessobrunner Architekturpreis 2012, Rosenheimer Holzbaupreis
Fotos Michael Heinrich, München

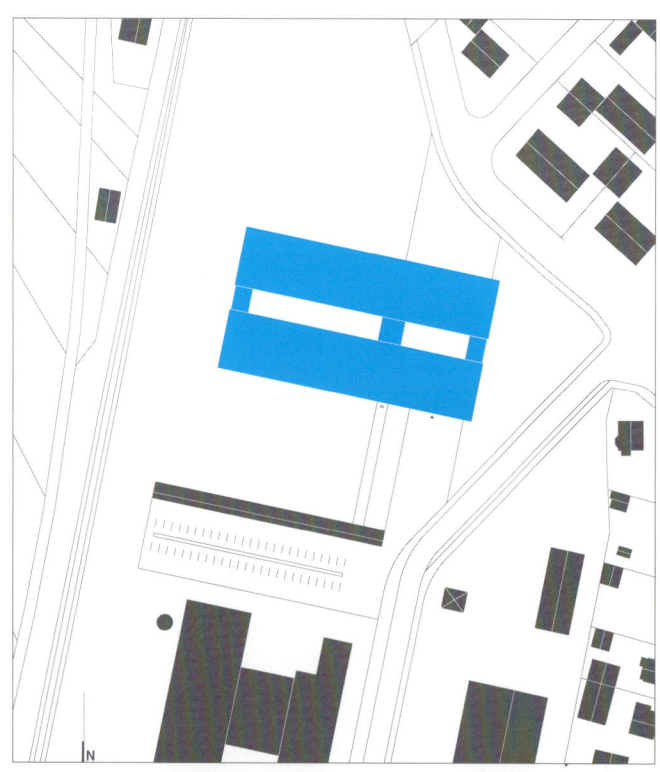

NEUBAU EINES WOHNHAUSES, PÜRGEN

Baukunsthaus, Nicole und Christian Metzger, Epfenhausen

Am Ortsrand von Pürgen gelegen bietet das Wohnhaus durch die großflächig geöffnete Holzfassade freie Sicht auf die Alpen. Der klar und markant gegliederte Baukörper nutzt das Potential der Lage: Vorgelagerte Terrassen und tiefe Verglasungen verbinden das Innere des Hauses fast schwellenlos mit dem Außenraum. Die Fassade aus Lärchenholz wurde vorbehandelt und behält so über Jahre eine gleichmäßige Farbe.

Geplant wurde das großzügige Wohnhaus für eine Familie mit zwei Kindern. Flexibilität bietet eine Einliegerwohnung, die von Großeltern und Gästen genutzt werden kann. Wenn sich im Lauf der Zeit die Lebensumstände und Bedürfnisse der Bewohner ändern, kann die Nutzung des Hauses entsprechend angepasst und der Wohnraum geschossweise in mehrere Wohnungen unterteilt werden.

Das Gebäude besteht aus massiven Tragelementen und aufgesetzten Holzrahmenwänden. Diese Mischkonstruktion optimiert den sommerlichen Wärmeschutz durch genügend Speichermasse. Durch diese Bauweise entsteht zudem eine angenehme Akustik mit gutem Schallschutz. Die Photovoltaikanlage auf dem Dach liefert ganzjährig mehr Strom, als das Haus verbraucht. Beheizt mit Wärmepumpe ergibt sich so für das Einfamilienhaus ein schlüssiges Haustechnikkonzept.

Sichtbetonwände, Eichenböden und Naturstein und von den Architekten teilweise entworfene Möbel prägen den wohnlichen, persönlichen Charakter der Innenräume.

Nutzfläche 354 qm
Ort Alpspitzstraße 2, 86932 Pürgen
Bauherr Familie Barth, Pürgen
Fertigstellung 2010
Fotos Nicole Metzger, Epfenhausen

WOHNANLAGE HOLLERSTAUDEN, INGOLSTADT

bogevischs buero | architekten & stadtplaner gmbh, München

Eine bestehende Seniorenwohnanlage von 1993 am westlichen Stadtrand Ingolstadts wurde durch familiengerechte Wohnungen ergänzt. Ein helles, flexibel nutzbares Wohnumfeld mit anregenden und kommunikativen Begegnungsräumen mit Sitzgelegenheiten, Tischen und einem Spielplatz sowie wirtschaftliche und gut nutzbare Wohnungen zeichnen neben dem vorbildlichen energetischen und ökologischen Konzept das neu entstandene Quartier aus. 66 Wohneinheiten in diesem Baufeld wurden öffentlich gefördert, 15 frei finanziert.

Die Wohnanlage Hollerstauden in Ingolstadt ist eines von zehn Pilotprojekten der Obersten Baubehörde in ihrem Förderprogramm e% - energieeffizientes Wohnen und energetisch entsprechend optimiert. Das Herzstück der Energieversorgungsanlage sind zwei zentrale Heizwasser-Pufferspeicher mit ca. 4 m Durchmesser. Die Pufferspeicher sind in die Gebäude integriert und als Schichtspeicher ausgeführt. Der Energieeintrag aus Solargewinnen in die Pufferspeicher erfolgt über interne Glattrohrwärmetauscher, die hydraulisch verschaltet sind. Durch dieses System ist ein hocheffizienter solarer Wärmeeintrag bei geringstem Regelaufwand in jedem Betriebspunkt der Solaranlage gewährleistet.

Die bevorzugte Verwendung natürlicher Baumaterialien, der äußerst sparsame Energieverbrauch im laufenden Betrieb und das naturgeprägte Gesamtbild schaffen ein angenehmes Wohnumfeld. Die sichtbare Betonkonstruktion in der Sockelzone steht im Kontrast zu den darüber liegenden stark wärmegedämmten Holzbauten. Die Wände und Decken der zwei- und dreigeschossigen Holzhäuser bestehen aus tragenden Massivholzelementen mit einem hohen Vorfertigungsgrad. Charakteristisch für die Gebäude sind die Holzschalung der vorgehängten Fassade und die auskragenden Holzplatten der Balkone. Die Holzlatten an der Fassade sind jeweils in einer unterschiedlichen Dichte angebracht und dienen bei Bedarf auch als Sichtschutz. Die Wohnungen selbst sind alle über breite Laubengänge erschlossen: Auf der Erschließungsseite bieten sich so gemeinsame, zusätzliche Teilbereiche.

Nutzfläche 5.700 qm
Ort Albertus-Magnus-Straße, Ingolstadt
Bauherr St. Gundekar-Werk Eichstätt, Wohnungs- und Städtebaugesellschaft mbH
Landschaftsarchitekten Grabner + Huber, Freising
Fertigstellung 2012
Fotos Julia Knop, Hamburg

GYMNASIUM ST. MATTHIAS, WALDRAM

Claus+Forster Architekten BDA, München

Das Gymnasium St. Matthias ist Teil des Spätberufenenseminars in Wolfratshausen-Waldram, das 1927 als erste Einrichtung in Bayern für den zweiten Bildungsweg gegründet wurde. Jungen Männern war damit die Möglichkeit eröffnet, das Abitur nachzuholen, um Priester zu werden. Das angegliederte Gymnasium ist heute ein sprachliches Gymnasium mit humanistischem Profil. Der L-förmige Neubau des Gymnasiums bildet zusammen mit den Gebäuden des Spätberufenenseminars eine hofartige, begrünte Anlage. Der langgestreckte Baukörper des Gymnasiums mit seinem Flachdach knüpft sowohl in der Höhe als auch der einfachen Formensprache an die benachbarten Seminargebäude an. Ein gläserner Verbindungsbau fasst die Einzelgebäude zu einem Ensemble zusammen. Erschlossen werden Schule und Seminar über einen überdachten Eingangsbereich im südöstlichen Gebäudeteil. Dadurch entsteht ein offener Platz.

Vom Eingangsbereich aus betritt man die Pausenhalle, in der alle Schüler zusammenkommen können. Mit umlaufenden Galerien und einem Luftraum über zwei Etagen bildet sie das Herz des Gymnasiums. Eine einläufige Treppe führt in die Räume des oberen Geschosses. Helle Materialien wie Birkenholz, weißer Putz und graue Metallbrüstungen schaffen eine freundliche und offene Atmosphäre, die den Schulalltag positiv beeinflusst.

Die Fassade aus Lärchenholz und Glas bildet einen bewussten Kontrast zu den Lochfassaden der Gebäudeteile, die noch aus den 1930er-Jahren stammen. Durch die raumhohen Verglasungen im Erdgeschoss und im Verbindungsgang wirkt das Obergeschoss wie vom Erdgeschoss abgelöst. Durch die Verkleidung mit rot gefärbten Holzlamellen und leuchtend roten Fassadenelementen vermittelt die obere Etage Geschlossenheit.

Durch Einbau einer Wärmepumpe mit Erdsonden, hoch wärmegedämmte Fassaden und Dachkonstruktionen, kontrollierte Lüftung, Fußbodenkühlung und -heizung, Dreischeibenverglasung und eine Photovoltaikanlage auf dem Flachdach konnte ein echtes Nullenergiegebäude verwirklicht werden. Mit dem Gymnasium ist im Hinblick auf Energieeffizienz ein Pilotprojekt entstanden, das vom Lehrstuhl für Klima-Design an der TU München beratend begleitet wurde.

Nutzfläche 2.072 qm
Ort Seminarplatz 3, 82515 Wolfratshausen
Bauherr Erzbischöfliches Ordinariat, München-Freising, Baureferat
Fertigstellung 2011
Auszeichnung Architektouren 2012
Fotos Florian Holzherr, München

EVANGELISCH-LUTHERISCHES GEMEINDEZENTRUM, WOLNZACH

Claus+Forster Architekten BDA, München

Gegenüber dem Neubau des Deutschen Hopfenmuseums besetzt das neue Gemeindezentrum der evangelisch-lutherischen Kirchengemeinde Pfaffenhofen einen zentralen Platz in der Ortsmitte der Marktgemeinde Wolnzach, nahe dem historischen Rathaus und der barocken katholischen Kirche.

Der winkelförmige Baukörper bildet auf der Nordseite zusammen mit dem Glockenturm einen leicht angehobenen öffentlichen Platz. Betonstelen schaffen zur Straße hin eine räumliche Abgrenzung. Über das Foyer wird der Vorplatz mit dem privaten Pfarrgarten auf der Südseite verbunden, der von den Gemeinderäumen aus direkt erreichbar ist.

Außerhalb der Gottesdienstzeiten kann der Kirchenraum direkt vom Vorplatz her betreten werden. Er unterscheidet sich durch seine Höhe und die Art und Weise der Belichtung von den übrigen Gemeinderäumen. Bereits von außen zeichnet sich die Altarwand durch ein kreuzförmiges Fenster ab und macht erkennbar, dass sich hier ein sakraler Raum befindet. Im Inneren wird die Altarwand durch den indirekten Lichteinfall über ein Oberlicht inszeniert. Das von oben eintretende Licht wird durch eine zusätzliche bis auf halbe Raumhöhe abgehängte Wand abgeblendet. In der Höhe leicht versetzt, hat auch diese Wandscheibe eine kreuzförmige Öffnung in gleicher Größe wie die Außenwand. Die Farbgestaltung sowie ein entsprechendes Kunstlichtkonzept ergänzen die beinahe barock anmutende Lichtregie im Kirchenraum des Gemeindezentrums. Zusammen mit der puristischen Materialwahl entsteht durch die – auch ökonomisch bedingte – asketische Architektursprache ein stimmiger Raumeindruck.

Nutzfläche 520 qm
Ort Klosterstr. 8, 85283 Wolnzach
Bauherr Evang.-lutherische Kirchengemeinde Pfaffenhofen
Fertigstellung 2008
Auszeichnung Architektouren 2012
Fotos Marianne Heil, München

...und er wird abwischen alle Tränen von ihren Augen, und der To

„DAS TEGERNSEE", TEGERNSEE – UMBAU UND ERWEITERUNG EINES 4-STERNE SUPERIOR HOTELS

demmel und hadler GmbH, mit Prof. Angerer, München

Das Hotel „Das Tegernsee" befindet sich in privilegierter Südhanglage am Tegernsee oberhalb der Stadt Tegernsee. Das ehemalige Hotel Bayern und heutige „Das Tegernsee" besteht aus dem denkmalgeschützten Sengerschloss und den Gästehäusern Quirin, Tegernsee und Wallberg. Als prachtvolle Jugendstilvilla aus dem Jahre 1840 wurde das Sengerschloss 1903 zu einem Gästedomizil des deutschen Kaiserhauses und 1928 nach wechselvoller Geschichte mit den dazugehörenden Ländereien an den heutigen Konzern Versicherungskammer Bayern verkauft. Um die Attraktivität zu steigern, wurde die ausgedehnte Hotelanlage mit Bauteilen aus unterschiedlichen Entstehungszeiten den Anforderungen eines 4-Sterne Superior Hotels unter Berücksichtigung von Tradition und lokaler Baukultur angepasst. Die Themen Nachhaltigkeit und Bauen im ländlichen Raum hatten besondere Bedeutung. So kamen hauptsächlich lokaltypische Baumaterialien in zeitgemäßer Umsetzung zum Einsatz. Es ist gelungen, die weitläufige Anlage harmonisch ins Landschaftsbild zu integrieren.

Neben der Neugestaltung der Zimmer und des Wellnessbereichs (Innenarchitekten: Landau & Kindlbacher GmbH) war es ein wichtiges Ziel der Umbaumaßnahmen, die Möglichkeiten für die Durchführung von Kongressen zu optimieren. Dies wurde durch die Konzentration der Konferenzräume im Haus Wallberg und deren Ergänzung mit einem zusätzlichen Konferenzsaal für etwa 150 Personen auf architektonisch und funktional überzeugende Weise erreicht. Der neue teilbare Konferenzsaal erstreckt sich über zwei Etagen und bietet optimale Tagungsmöglichkeiten. Mit dieser Erweiterung sowie der Modernisierung der Zimmer und Suiten, mit dem neuen 1.400 Quadratmeter großen Spa-Bereich sowie einer Garage mit 60 Stellplätzen begann eine neue Ära für das Hotel „Das Tegernsee". Die Verantwortlichen des Bauherrn begleiteten diesen Prozess mit besonderem Engagement und mit Weitsicht.

Nutzfläche 690 qm Konferenzbereich, 1.400 qm Wellnessbereich, 75 Zimmereinheiten
Ort Neureuthstraße 23, 83684 Tegernsee
Bauherr Bayernversicherung Lebensversicherung AG
Fertigstellung/Wiedereröffnung 2008
Fotos Bayernversicherung Lebensversicherung AG; Florian Holzherr, München

WOHNHAUS, ANDECHS

demmel und hadler GmbH, München

Das Wohnhaus des Architekten befindet sich auf einem Hanggrundstück am Ortsrand der Gemeinde Erling im Landkreis Starnberg. Neben einem bestehenden Ferienhaus wurde im Abstand von nur einem Meter der neue Baukörper als eigenständiges Gebäude errichtet.

Da Wohn- und Ferienhaus nicht miteinander verbunden sind, erscheint die gesamte Baumasse kleiner und gegliederter.

Das Wohngebäude erstreckt sich über drei Etagen. Eine großzügige Dachterrasse auf der oberen Ebene holt die Natur gewissermaßen in den Innenraum hinein. Auf weitere Terrassen wurde auf dem Grundstück verzichtet, um die klare Form des Baukörpers nicht zu schwächen. Der Anteil der Öffnungen in der Fassade nimmt von unten nach oben zu. Das Untergeschoss öffnet sich über die Ostseite, das Erdgeschoss über Ost- und Südseite, das Obergeschoss durch die offene Skelettstruktur im Bereich der Dachterrassen nach allen Seiten.

Das Untergeschoss hat im Querschnitt die Form einer nach oben offenen U-förmigen Betonschale. Das Erdgeschoss und das Obergeschoss bestehen aus einer Holzskelettkonstruktion, die innen wie außen sichtbar ist. Die einzelnen Fassadenfelder sind entweder mit einer Festverglasung, einer Schiebetüre oder mit einem geschlossenen Fassadenelement gefüllt.

Die Gebäudestruktur ist streng modular aufgebaut, um Erweiterungen auf der obersten Ebene jederzeit umsetzen zu können. Diese Möglichkeit wurde bereits genutzt: Auf der Westseite der obersten Etage wurde 2011 ein Raum hinzugefügt.

Nutzfläche 60 qm
Wohnfläche 120 qm
Ort Von-der-Tann-Straße 16b, 82346 Andechs
Bauherr Bernhard Demmel
Fertigstellung 2002
Fotos Bernhard Demmel, München

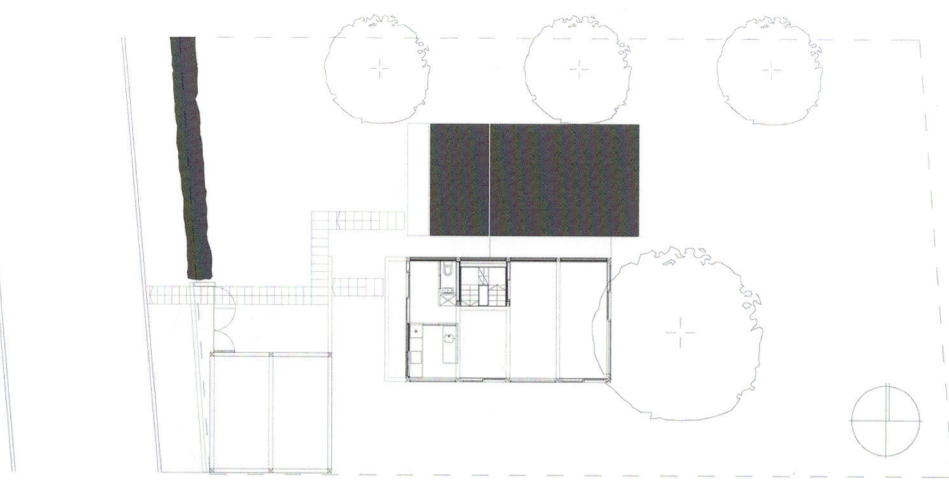

NEUBAU REALSCHULE, DACHAU

Diezinger Architekten GmbH, Eichstätt/Regensburg
bis Juni 2011: Diezinger & Kramer

Im Süden der Stadt Dachau entsteht derzeit ein Schulareal, für das der neue Campus zwischen der 2011 fertiggestellten Realschule und der gegenüberliegenden Berufschule den Auftakt bildet. Die neue Realschule mit Dreifachsporthalle öffnet sich im Erdgeschoss über zwei Höfe zum Außenraum: der Pausenhof nach Süden zum geplanten Grünzug, der Eingangshof im Norden zum Campus. Die Dreifachsporthalle mit abgesenktem Parkdeck ist auf der östlichen Straßenseite in das Schulgebäude integriert. Von dieser Seite aus erfolgt auch die Zufahrt. Der kompakte Baukörper wird durch die Innenhöfe in unterschiedlichen Dimensionen aufgelockert, und die angrenzenden Schulräume werden natürlich belichtet. Durchblicke und Sichtbezüge gestalten das Schulhaus als abwechslungsreichen Ort.

Man betritt die Realschule im Erdgeschoss über eine zentral gelegene Eingangshalle, an die der Mehrzweckraum und die Mensa mit Mittagsbetreuung angrenzen. Von hier aus sind auch alle anderen Schulbereiche auf kurzen Wegen erreichbar. Die Unterrichtsräume in den Obergeschossen sind zum Großteil nach Süden orientiert, die Fachklassenräume sind nach Westen und Osten ausgerichtet. Die Fassadengestaltung folgt den Anforderungen eines Passivhauses und variiert nach Nutzung: Die Klassenzimmer haben große Fensterflächen mit außen liegendem Sonnenschutz. In den Flurzonen ermöglichen gezielte Öffnungen punktuelle Ausblicke.

Das Farbkonzept folgt der architektonischen Idee. Nach außen ist das Gebäude ein geschlossener Körper in zurückhaltender Farbigkeit. Im Inneren herrscht eine helle, freundliche Atmosphäre, die durch leuchtende Farben unterstrichen wird. Die Bewegungsflächen sind farblich kräftig gestaltet und erleichtern die Orientierung innerhalb des Gebäudes.

Das kompakte Gebäudevolumen wird mit einem optimierten Öffnungsanteil in der Fassade und einer hochwärmegedämmten Hülle den Anforderungen an ein Passivhaus gerecht. Die kontrollierte Be- und Entlüftung des Gebäudes mit Wärmerückgewinnung reduziert zum einen die Lüftungswärmeverluste auf ein Minimum, zum anderen werden dadurch optimale Lernbedingungen geschaffen.

Nutzfläche 7.500 qm
Ort Weiherweg 16, 85221 Dachau
Bauherr Landkreis Dachau, Sachgebiet Hochbau
Fertigstellung 2011
Fotos Stefan Müller-Naumann, München

DREIFACHSPORTHALLE, GARCHING

Diezinger Architekten GmbH, Eichstätt/Regensburg
bis Juni 2011: Diezinger & Kramer

Als Zentrum eines neuen Sportparks fügt sich der Neubau der Dreifachsporthalle in seinem grünen Kleid aus farbig beschichteten Aluminiumprofilen selbstverständlich in die Naturlandschaft und den ihn umgebenden Baumhain ein. Zur stark befahrenen Schleißheimer Straße und zur Autobahn hin geschlossen, öffnet sich das Gebäude mit seinem weit auskragenden Vordach zu den angrenzenden Sportplätzen. Eine breite, großzügige Außentreppe verbindet die Dreifachsporthalle mit den Sportfeldern sowie den Parkplätzen und bezieht die neuen, nördlich gelegenen Beachvolleyballfelder in die Anlage mit ein.

Im Inneren der Dreifachsporthalle liegt, um ein Geschoss abgesenkt, die multifunktionale Sporthalle, deren in leuchtendem Orange gehaltener Hallenboden, aber auch die Prallwände und die Tribünen den Charakter des Hauses prägen. Von der umlaufenden Galerie im Eingangsgeschoss blickt der Zuschauer auf die in drei Bereiche unterteilbare Spielfläche. Die mobile Tribüne bietet bei Sportgroßveranstaltungen Platz für 300 Zuschauer. Der verzinkte Gitterrost der Hallendecke, die Sichtbetonflächen mit sägerauer Bretterschalung, die Estrichbeschichtung der Galerie-Ebene und Treppenräume sind gleichzeitig funktional wie nachhaltig.

Auf der Süd- und Ostseite befinden sich entlang der Halle die Umkleiden, Geräte- und Technikräume sowie der Bewirtungsbereich. Die Oberflächen der Nebenräume sind gegenüber den durch ihre Farbgebung dominanten Sporträumen neutral gehalten.

Zusätzlich zu den drei Hauptspielfeldern verfügt die Halle über weitere Sporträume, die ebenso wie die Sporthalle durch ihre farbige Gestaltung beeindrucken. So sind Wände, Decke und Boden der Aufwärm- und Gymnastikräume in strahlendem Rot und Gelb, die 50-Meter-Laufbahn mit Weitsprunggrube im Untergeschoss in ruhigem Blau gehalten. Mit einem Konditionsraum im Obergeschoss und einem 10 Meter hohen, innenliegenden Kletterturm bereichert das neue Gebäude das Angebot für die Garchinger Sportvereine und Schulen.

Nutzfläche 2.115 qm
Ort Schleißheimer Str. 34, Garching bei München
Bauherr Stadt Garching bei München
Fertigstellung 2011
Fotos Stefan Müller-Naumann, München

ERWEITERUNG ERICH-KÄSTNER-SCHULE, HÖHENKIRCHEN-SIEGERTSBRUNN

Fischer Architekten, München

Der Schulkomplex der Erich-Kästner-Grund- und Hauptschule wurde um ein Gebäude mit vier Klassenzimmern und Nebenräumen, einer Mensa, Musik-, Hausaufgaben- und Leseräumen sowie einer Lehrküche erweitert. Zentrum der Anlage bildet das Schulhaus aus den 1930er-Jahren, es folgten Erweiterungen um 1950 und 1970.

Die Schule liegt am Ortsrand im Übergangsbereich zwischen Stadt und Naturraum. Der Erweiterungsbau markiert den Übergang in die freie Landschaft. Mit seiner bewegten Form ergänzt der farbige und offene Riegel als eigenständiger Baukörper das Haupthaus und bildet einen Kontrapunkt zu dessen strenger, einfarbiger Lochfassade. Die Fensterpfosten der stark profilierten Fassade des Erweiterungsbaus liegen außen, ihre Zwischenräume sind in unregelmäßiger Folge mit farbigen Paneelen gefüllt.

Über einen Verbindungssteg wird der Neubau vom Bestandsgebäude aus erschlossen. Von der zentralen Halle aus führen zwei großzügige Flure, die auch zum Spielen und Lernen Platz bieten, zu den Klassen- und Gruppenräumen, die sich nach Westen hin öffnen. Am nördlichen Ende befindet sich die großzügige, von drei Seiten belichtete Mensa. Eine Treppe führt ins Hofgeschoss. Hier orientieren sich alle Räume nach Osten zum Werkhof.

Zwischen den Gebäuden ist durch die Absenkung des Sockelgeschosses ein neuer Hof entstanden. Das ehemalige Souterrain des Bestandes wurde dadurch zum Vollgeschoss aufgewertet. Der Werkhof ist der neue kreative Mittelpunkt der Außenanlagen. Eine großzügige Tribünen- und Treppenanlage zum Ausruhen, Zuschauen und Spielen führt vom Pausenhof in diesen geschützten Freibereich.

Nutzfläche 944,88 qm
Ort Brunnthaler Straße 8, 85635 Höhenkirchen-Siegertsbrunn
Bauherr Gemeinde Höhenkirchen-Siegertsbrunn
Fertigstellung 2012
Auszeichnung Gutachterliches Verfahren, 1.Preis
Fotos Jens Weber, München

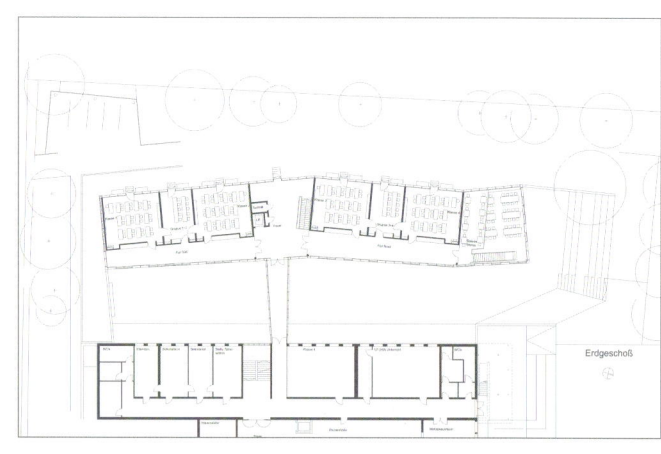

KELTEN RÖMER MUSEUM, MANCHING

Fischer Architekten, München

Das antike Manching – eine Keltensiedlung so groß wie die heutige Marktgemeinde – ist erst zu rund sieben Prozent ausgegraben. Das Zweigmuseum der Archäologischen Staatssammlung in München steht also am richtigen Ort, an der Schnittstelle von Vergangenheit und Zukunft.

Bereits der Weg in das Museum folgt einer Dramaturgie: Ein langsam ansteigender, über 80 Meter langer Steg führt zu einer Plattform vor dem Museumseingang, die auch als Freisitz für das Café dient. Diese Wegführung hat jedoch auch ganz funktionale Gründe: Der Ort des Museums liegt zwischen zwei Gewässern, von denen sich das eine, der Augrabenbach, bei Hochwasser in einen reißenden Fluss verwandelt.

Trotz seiner Größe fügt sich das zweigeschossige Museum dezent in die Bäume und Büsche des Augrabenbachs. Auf der opaken Fassade des zweigeschossigen Gebäudes ist bei Tageslicht „Kelten" und „Römer" in riesigen Lettern zu lesen. In der Dunkelheit wandelt sich das Museum, ein Quader aus Glas und Beton, zu einem beeindruckenden Leuchtkörper.

Bereits im Eingangsbereich zeigt sich die Qualität des Hauses – großzügig und konzentriert zugleich. Die Ausstellung steht im Mittelpunkt, nicht die gebaute Hülle. Ausstellungskonzept und Museumsbau stammen aus einer Hand. Die Präsentation setzt ganz auf die Kraft der Fundstücke. Hier wird man nicht von Exponaten erschlagen, das Museum präsentiert die Highlights. Die Architekten haben auf starkfarbige Wände oder ein aufdringliches Leitsystem verzichtet. Einfache Naturfarben und -materialien, klare Bezüge und großartige Lichtstimmungen bestimmen die neuen, über 2000 qm großen Ausstellungsflächen.

Nach seinem Weg durch die Keltenausstellung erreicht der Besucher über Treppen die Römerausstellung im Sockelgeschoss. Die Fassade öffnet sich hier auf allen Seiten nach außen. Zum Abschluss des Rundgangs betritt der Besucher den vom Eingangsgeschoss überdeckten Freibereich. Mit einem eingebauten Schöpfbrunnen und mit Flächen zum Experimentieren ist er wichtiger Bestandteil des Museums.

Nutzfläche 2.820 qm
Hauptnutzfläche 2.140 qm
Ort Im Erlet 2, 85077 Manching
Bauherr Zweckverband Keltisch-Römisches Archäologiemuseum
Fertigstellung 2006
Auszeichnung Kulturpreis Bayern der E. ON Bayern AG 2008; „Gute Gestaltung 2008" Deutscher Designer Club, Auszeichnung in Silber; „Deutscher Designpreis 2009" Nominierung; „Bauherrenpreis 2006" des Landkreises Pfaffenhofen
Fotos Michael Heinrich, München

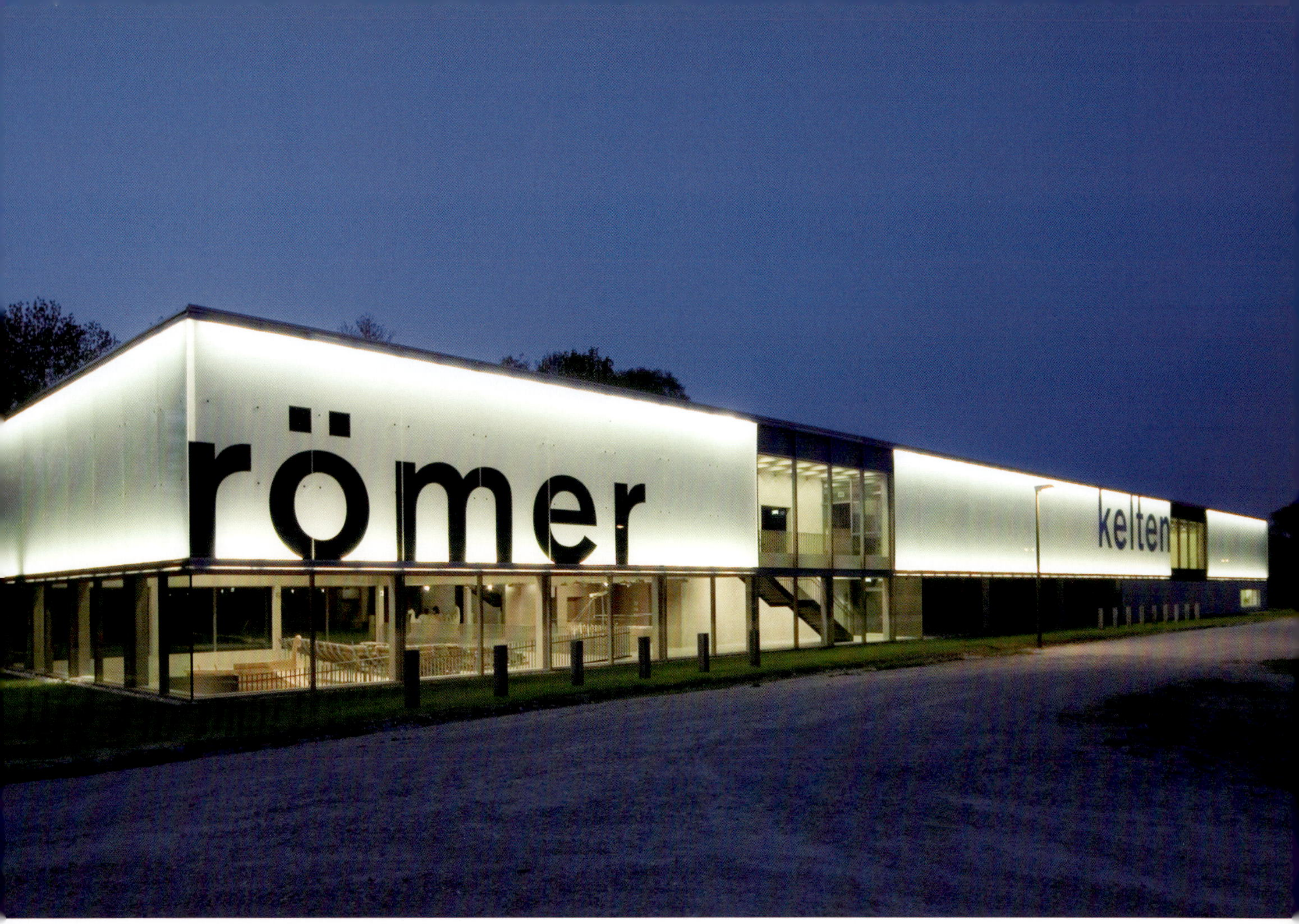
römer
kelten

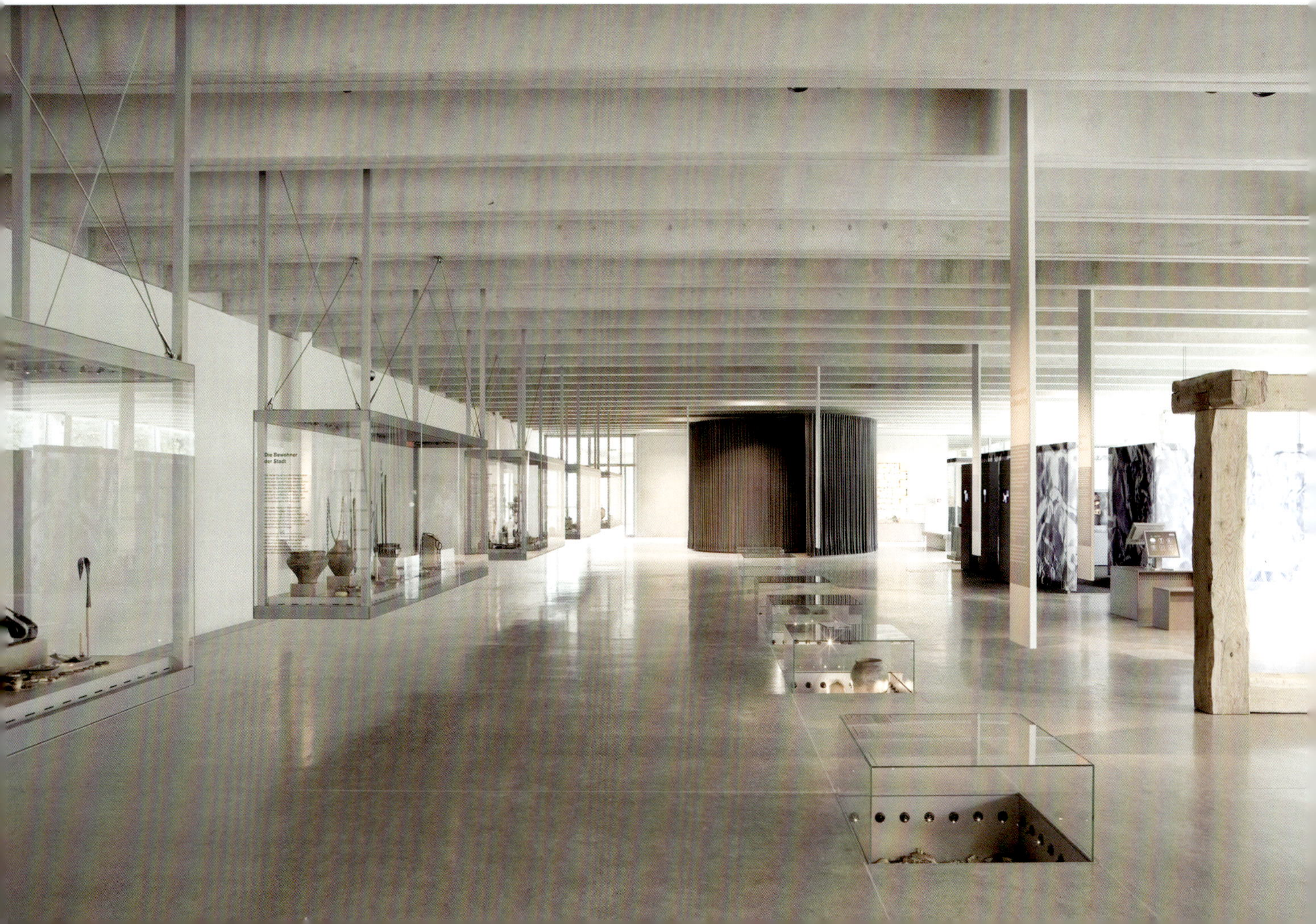
Die Bewohner
der Stadt

GYMNASIUM MIT SPORTHALLE, TAGESHEIM UND FREISPORTFLÄCHEN, GAIMERSHEIM

Fuchs und Rudolph Architekten Stadtplaner, München

Die Schule liegt in freier Landschaft ohne direkten baulichen Bezug zum Ort. Durch die Anordnung der Baukörper und die Gliederung der Funktionen ist ein städtebaulich autarker Campus entstanden, der sich zum Ort Gaimersheim hin öffnet und als klar definierter Raum mit großen Außenraumqualitäten erlebbar ist. Steinmauern, Baumreihen, Baumkarrees und Sitzstufen verlaufen linear entlang der Höhenlinien des Grundstücks und machen den Geländeverlauf erlebbar. Fußgänger und Radfahrer erreichen die Schule von Osten kommend über einen Eingangsplatz, der zugleich der großzügige Pausenhof ist. Von hier aus betritt man sowohl die Sporthalle als auch die Schule und die Sportfreibereiche. Verwaltung und Tagesheim sind separat erschlossen und damit auf kurzem Weg erreichbar.

Der schmale Baukörper des Hauptgebäudes fasst den Platz im Norden und leitet die Besucher entlang einer Überdachung zum Haupteingang. Die vertikal gegliederte Glasfassade im Erdgeschoss lässt den 2-geschossigen Baukörper darüber schweben. Farbige Glaspaneele setzen Akzente und stehen in Kontrast zu den hellen Fassadenplatten. Materialzuschläge aus heimischem Jurakalk geben der Fassade ihre charakteristische warme Tönung. Die Platten individueller Größe und unterschiedlich handwerklich bearbeiteter Oberflächen ergeben ein lebhaftes und alterungsbeständiges Erscheinungsbild.

Die Überdachung wird im Süden des Platzes als Pergola weitergeführt und verbindet Schuleingang und Sporthalle. Die Sporthalle mit einer offenen Glasfassade im Westen präsentiert sich als „öffentliches Gebäude" – transparent und einladend für Schüler, Lehrer, Sportler und Besucher gleichermaßen. Die zentrale Eingangshalle der Schule ist großzügig, hell und kommunikativ. Die Fachklassen liegen im Norden, die Klassenräume sind nach Osten, Süden und Westen ausgerichtet. Umlaufende Fensterbänder sorgen für gute Belichtung. Die niederen Brüstungen lassen den Ausblick in die schöne Umgebung zu, schaffen jedoch ein gewisses Maß an Geschlossenheit für konzentriertes Lehren und Lernen. Die Aula und zwei Innenhöfe bieten flexible Nutzungsmöglichkeiten sowie leichte Orientierung im Gebäude. Ein Farbkanon in Grün-, Orange- und Gelbtönen durchzieht die Geschosse. Die raumhohen farbigen Türen erzeugen, vom Innenhof und der gegenüberliegenden Flurseite aus betrachtet, ein mehrschichtiges Erscheinungsbild. Der Jurakalk-Natursteinboden vermittelt Kontinuität und Beständigkeit

Nutzfläche 7.800 qm
Ort Am Hochholzer Berg 2, 85080 Gaimersheim
Bauherr Zweckverband Gymnasium Gaimersheim, Herr Landrat Anton Knapp, Residenzplatz 1, 85072 Eichstätt
Fertigstellung 2010
Auszeichnung Architektenwettbewerb 2008, 1. Preis; Heinze AWARD 2011, 3. Publikumspreis; Architektouren 2011
Fotos Stefan Müller-Naumann, München

AUSSEGNUNGSHALLE, MARKT MANCHING

Glaser Architekten, München

Dem bestehenden Friedhofsgelände des Marktes Manching wurde mit dem Bau der neuen Aussegnungshalle ein Hof als Ort der Kontemplation und Ruhe vorgelagert. Von hier aus erschließen sich die Aufbahrungsräume und der Raum für die Aussegnungsfeier. Dieser wird von Osten her betreten, auf der Westseite verlassen. Sein Ausgang – ebenso wie der Glockenturm – nimmt Bezug auf die bereits bestehenden strahlenförmig angelegten Hauptwege und schafft einen neuen Auftakt für den Friedhof. Die Aussegnungsfeier wird zur Station entlang eines Weges.

Geprägt wird der Innenraum durch eine raumhaltige Dachkonstruktion aus zweifach geneigten Holzschotten. Während sich im Sockelbereich das Tageslicht hinter blau getönten, transluzenten Glasscheiben nur erahnen lässt, lenken im Dachraum die Holzschotten das einströmende Sonnenlicht genau an die Stelle, wo der Sarg steht. Einseitig mit Goldfarbe bestrichen reflektieren sie das Licht in feierlicher Tönung. Ihre andere, dem Raum zugewandte, Seite ist hingegen ebenso wie die abgehängten Decken aus naturbelassenem Holz. In Ergänzung zu den strahlenförmig ausgerichteten Holzschotten können auch die blau verglasten Wendeflügel im Erdgeschoss strahlenförmig geöffnet werden. So finden im Hof auch größere Trauergemeinden Platz.

Nutzfläche 400 qm
Ort Ingolstädter Straße 2, 80577 Manching
Bauherr Markt Manching
Fertigstellung 2006
Auszeichnung Anerkennung Holzbaupreis, Bauherrenpreis
Fotos Stefan Müller-Naumann, München

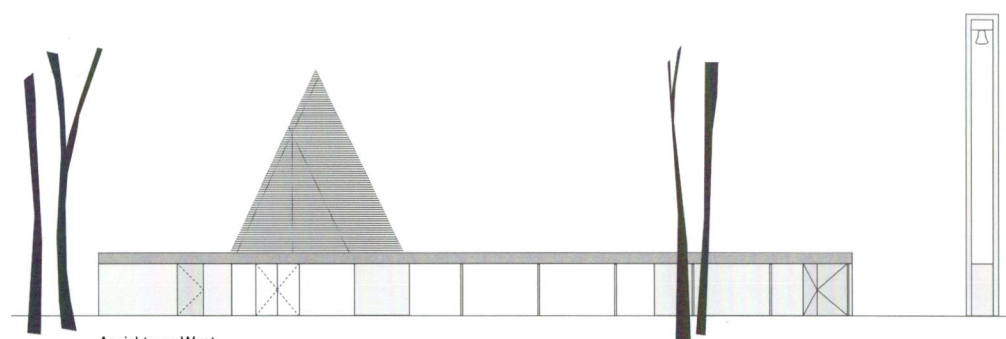

Ansicht von West

WOHNEN IM HERDERPARK, BAD TÖLZ

Goetz Hootz Castorph Architekten und Stadtplaner GmbH, München

Zwischen den alten Bäumen des privaten Herderparks liegen die in den 1920-er Jahren als „größte Wandelhalle Europas" erbaute Wandelhalle, das als Seminar- und Schulungszentrum genutzte historische Herderhaus sowie ein Musikpavillon. In diesem am Rand des Kurareals in Bad Tölz gelegenen Umfeld bildet die neue Wohnanlage mit ihrem klaren, zurückhaltenden Erscheinungsbild einen spannenden Kontrast zu den vorhandenen, heute teils denkmalgeschützten Kurbauten.

Die insgesamt 25 Eigentumswohnungen sind auf drei unterschiedlich proportionierte Häuser verteilt. Am Rand des Grundstücks gelegen erweisen sie der schönen Grünanlage Respekt, indem sie nicht mit Vorgärten, Hecken oder Zäunen in sie hineinwuchern. Auch in den Park ragende Terrassen gibt es nicht. Die Fassaden werden durch die Loggien mit zarten, fast schleierartig wirkenden Geländern sowie durch raumhohe Fenstertüren mit Klappläden aus Holz und abgeschrägten Laibungen gegliedert und geprägt. Die Häuser wirken dabei in ihrer klassischen Schlichtheit nicht langweilig, sondern elegant und frei von modischer Attitüde.

Die Wohnungen in der Anlage sind weitgehend barrierefrei und großzügig angelegt. Die Ausstattung ist hochwertig mit Holz- und Natursteinböden. Pro Etage gibt es maximal zwei Wohnungen, um das Gefühl des individuellen Wohnens zu verstärken. Vom Komfort her entsprechen die Wohnungen dem Prinzip einer Villa oder – besser gesagt – „gestapelten Villen".

In Bad Tölz wird die Tradition bewahrt, aber man will sich auch dem Neuen öffnen. Dass dazu auch moderne Architektur gehört, dafür sind die Neubauten im Herderpark ein überzeugender Beweis.

Nutzfläche 7.500 qm
Ort Herderpark, Buchener Straße 3, 5, 7
Bauherr Herderpark GmbH & Co. KG, Bad Tölz
Fertigstellung 2008
Fotos Michael Heinrich, München

JUGENDZENTRUM „NEPOMUK", STARNBERG

Goetz Hootz Castorph Architekten und Stadtplaner GmbH, München

So selbstverständlich wie sich das Jugendzentrum „Nepomuk" gegenüber dem nahegelegenen, altehrwürdigen Bayerischen Yacht-Club am Ufer des Starnberger Sees behauptet, hat man den Eindruck, es wäre schon immer da gewesen. Das liegt zum einen an vier alten Kastanien direkt vor der Südfassade, zum anderen aber auch daran, dass seine Architektur intelligent auf ortstypische Bauten wie Bootshäuser und Werfthalle Bezug nimmt.

Der grundlegende Gedanke für die Planung war, dass die Nutzer eines Jugendzentrums ständig wechseln. Während jede Generation von Jugendlichen das Gebäude auf ihre eigene Art in Besitz nimmt, muss der Bau über Jahre stabil bleiben und Veränderungen ermöglichen.

Zur Straße hin weitgehend geschlossen, springt der Baukörper im Westen U-förmig zurück und schafft mit dem Vorplatz, dem Kolonnadengang und der überdachten Veranda vor dem Café Freiflächen mit hoher Aufenthaltsqualität. So haben die Jugendlichen auch im Freien das Gefühl, im „Nepomuk" zu sein. Das Gebäude wurde zum Großteil als Holzkonstruktion errichtet und bezieht sich mit seiner Außenverkleidung aus dunkel gestrichenem, gebürstetem Fichtenholz auf die am See übliche Bebauung.

Das Jugendzentrum gliedert sich in drei Abschnitte, die unabhängig voneinander betreten und genutzt werden können: Café und Multifunktionshalle mit vorgelagerter Veranda und Spielhof können in unterschiedlicher Art und Weise untereinander verbunden werden. Die Multifunktionshalle und das Foyer bilden eine eigene Einheit. Die zentrale Halle kann sowohl für sportliche Aktivitäten als auch für Veranstaltungen wie Theater und Konzerte genutzt werden. Die Spiel- und Workshopräume orientieren sich nach Osten und bieten Ruhe und Rückzugsmöglichkeiten. Da das Haus von Anfang an auch als Treffpunkt für andere Starnberger Gruppen und für Vereine ohne eigene Räume gedacht war, ist mit dem „Nepomuk" ein echter Begegnungsort entstanden.

Nutzfläche 1.020 qm
Ort Nepomukweg 19, 82319 Starnberg
Bauherr Stadt Starnberg
Fertigstellung 2010
Fotos Michael Heinrich, München

KINDERGARTEN APOSTELKIRCHE, NEUBURG AN DER DONAU

HERLE + HERRLE Architekten BDA, Neuburg an der Donau

Der bestehende Kindergarten aus den 1960er-Jahren musste aufgrund großer bautechnischer, energetischer und brandschutztechnischer Mängel schließen. Da auch der Grundriss nicht mehr den zeitgemäßen Anforderungen eines Kindergartens entsprach, entschied sich die evangelisch-lutherische Gesamtkirche für einen Neubau.

In ein Ensemble aus Kirche und Gemeindehaus eingebunden, orientiert sich die Dachform des Kindergartens – mit zwei gegenläufigen Pultdächern – zur Kirche hin, während die Gebäudeform auf die städtebauliche Situation an der Straße und auf die Nachbargebäude antwortet. Holzelemente gliedern die als Wärmedämmverbundsystem ausgeführte Fassade in offene und geschlossene Bereiche.

Ein großzügiger Eingangsbereich, um den die Räume kompakt angeordnet sind, bildet den Mittelpunkt des Kindergartens. Er kann durch eine Faltwand zum Mehrzweckraum für Veranstaltungen auf die doppelte Größe erweitert werden.

Die beiden Gruppenräume werden durch Galerieebenen, die vor der Fassade angeordnet sind, in kleinere Bereiche gegliedert. Durch farbige Glasbrüstungen erhalten die ansonsten dezent gestalteten Räume mit hellem Holzboden farbliche Akzente. So scheint das Licht in unterschiedlichsten Färbungen in die Gruppenräume.

Nutzfläche 399 qm
Ort Wittenbergstraße, 86633 Neuburg
Bauherr Evang.-Luth. Gesamtkirchengemeinde, Ingolstadt
Fertigstellung 2011
Auszeichnung Umweltpreis 2011 der Diözese Augsburg
Fotos Klaus Mauz, München

EINFAMILIENHAUS, AMMERLAND

kandler und mack architekten gmbh, München

Auf einem Parkgrundstück mit bereits bestehender Bebauung ist das Einfamilienhaus mit Einliegerwohnung in die hügelige Landschaft des bayerischen Oberlandes eingebettet. Die leichte Hanglage ermöglicht den direkten Blick auf den Starnberger See. Am nördlichen Rand des Grundstücks gelegen nimmt es die unterschiedlichen Niveaus des Hanggrundstückes auf und fügt sich in Form und Materialität harmonisch in die Landschaft ein.

Im Erdgeschoss gehen Wohn-, Ess- und Kochbereich fließend ineinander über und öffnen sich Richtung See. Der Einliegerwohnung ist auf der Hangseite eine kleine, private Hoffläche vorgelagert. Im Obergeschoss befinden sich auf der Südseite die Schlaf- und Aufenthaltsräume mit weitem Ausblick. Die Nebenräume liegen auf der Nordseite hinter einer großflächig geschlossenen Holzfassade.

Das Gebäude ist ein Massivbau aus Ziegelwänden und Stahlbetondecken mit einer hinterlüfteten, gedämmten Lärchenholzfassade. Großflächige Fensteröffnungen nach Süden und Westen ermöglichen solare Energiegewinne, die in der massiven Gebäudestruktur gespeichert werden. Der sommerliche Wärmeschutz wird durch die auskragenden Dächer und Balkone sowie die Lage im alten Baumbestand des Grundstücks gewährleistet. Sämtliche Baustoffe wurden nach baubiologischen Gesichtspunkten gewählt.

Nutzfläche 260 qm
Ort Münsing/Ammerland
Bauherr privat
Fertigstellung 2007
Auszeichnung Architektouren 2009
Fotos Sascha Kletzsch, München

DREIFACHSPORTHALLE, BRANNENBURG

Klein & Sänger Architekten GbR/GmbH, München

Die neue Dreifachsporthalle ergänzt die bereits bestehenden Turnhallen der Grund- und Hauptschule auf dem Schulgelände in Brannenburg. Die Sporthalle mit Zuschauertribüne schiebt sich über einen langgestreckten eingeschossigen Baukörper, in dem auf der Westseite die Nebenräume – Umkleiden und Geräteräume – untergebracht sind.

Das ebenerdige Spielfeld erhält über alle vier Fassadenseiten in voller Raumhöhe Tageslicht. Die Scheiben der Glasfassade liegen auf der Innenseite zum Hallenraum und dienen gleichzeitig als Prallwand. Die Einteilung der Halle in drei unabhängig voneinander zu nutzende Einheiten erfolgt über flexible Trennvorhänge.

Neben der Transparenz der Fassade ist die Deckenuntersicht prägend für den Raumeindruck der Sporthalle. Das Profil der dreißig in zwei Teilen hergestellten Brettschichtholzträger ist so ausgebildet, dass sich über dem Spielfeld eine waagerechte Unterseite ergibt. Durch die geneigte Oberkante entsteht im Bereich des auskragenden Trägerteils über der Tribüne ein größerer Querschnitt. Außenliegende, leiterartige Stahlstützen im Raster von 1,50 m dienen der vertikalen Lastabtragung der Dachträger sowie als Fassadenstützen. Diese Stützen sind durch zwei horizontale Riegel mit den beiden Vertikalstützen verbunden. Auf diesen horizontalen Riegeln sind umlaufend Wartungsstege angebracht.

Frei- und Pausenflächen wurden im Zusammenhang mit dem Turnhallenbau neu gestaltet. Dabei wurde die besondere Topographie des angrenzenden Landschaftsschutzgebiets berücksichtigt. Durch den Neubau wurde zum einen das Angebot für Schüler und Sportvereine aus der Region wesentlich verbessert. Darüber hinaus hat das ganze Areal eine wesentliche Aufwertung erfahren und bietet heute adäquate Sportmöglichkeiten in einem übersichtlichen, kommunikativen städtebaulichen Kontext.

Nutzfläche 1.830 qm
Ort Kirchenstr. 40 a, 83098 Brannenburg
Bauherr Landratsamt Rosenheim
Fertigstellung 2009
Fotos Reinhart Sänger, Klein & Sänger Architekten, München; Michael Steiner, München (S.47 oben)

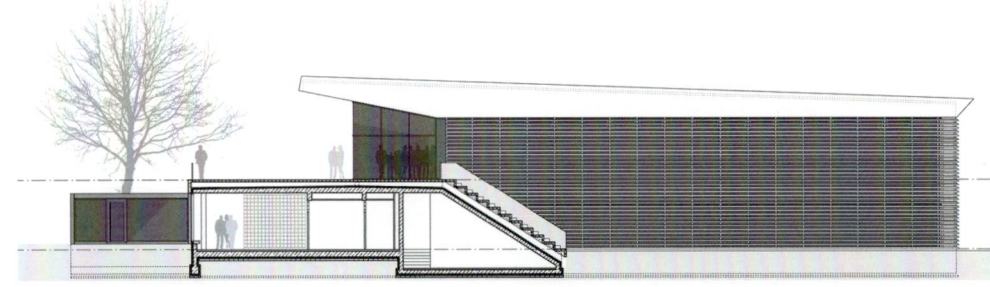

BERUFSFACHOBERSCHULE, LANDSBERG AM LECH

Klein & Sänger Architekten GbR/GmbH, München

Zwei Neubauten ergänzen eine bestehende Schule aus den 1980er-Jahren. Die beiden Baukörper wurden aufgrund des großen Flächenbedarfs im hinteren, noch unbebauten Teil des Grundstücks errichtet, mitten in den weitläufigen Freiflächen, die die Schulgebäude umgeben.

Der neue, zweigeschossige Klassentrakt befindet sich in unmittelbarer Nähe zur Aula des Hauptgebäudes und kann so direkt von hier aus betreten werden. Er ist über beide Geschosse mit dem bestehenden Schulgebäude verbunden. Am Übergang von Alt zu Neu ist ein großzügiger Foyerbereich über zwei Geschosse entstanden. Ein Mittelflur verbindet hier die zwölf Klassenzimmer mit den anderen Räumen und lädt mit Sitzmöglichkeiten zum kurzen Verweilen ein. Das Tageslicht wird über eine Glassteindecke bis in das Erdgeschoss geleitet und schafft so eine angenehme Atmosphäre.

Die große ebenerdige Fläche der neuen Mechatronikhalle kann über Segmenttore und variable Trennwände in einzelne Bereiche unterteilt werden. Als zentrale LKW-Halle ist sie mit einer Grube und einer Prüfstraße ausgestattet. Über ein Fensterband fällt von oben Licht in die Tiefe des hohen Raumes. Die Deckenkonstruktion wird von regelmäßig angeordneten, rippenartigen Unterzügen getragen. Die neuen Gebäudeteile wurden in Stahlbetonskelettbauweise errichtet, Sichtbeton dominiert im Innenraum.

Sowohl die Forderung nach einer wirtschaftlichen Planung als auch die hohen Ansprüche an das Raumklima und die Akustik wurden erfüllt. Die Fassade des Klassentraktes besteht aus einer raumhohen Pfosten-Riegel-Konstruktion aus Holz und Aluminium. Im Zusammenspiel mit dem Sonnenschutz aus Holzelementen entsteht hier auch im Sommer ein angenehmes Raumklima. Die geschlossenen Fassadenflächen sind mit Elementen aus Titanzinkblech verkleidet und nehmen in Farbton und Struktur Bezug auf die Fassaden der direkt anschließenden Bestandsgebäude.

Nutzfläche 1.900 qm
Ort Spitalfeldstraße 11, 86899 Landsberg am Lech
Bauherr Landratsamt Landsberg am Lech
Fertigstellung 2009
Fotos Reinhart Sänger, Klein & Sänger Architekten, München

SANIERUNG JURAHAUS GÄCK, OBERNDORF

Architekturbüro Kühnlein, Berching

Durch eine umfassende Sanierung wurde aus einem denkmalgeschützten Jurahaus in Oberndorf ein Wohngebäude, das seinen Eigentümern komfortables und individuelles Wohnen in historischem Umfeld ermöglicht. Jurahäuser kommen vor allem entlang des Altmühltals vor und sind eine weltweit einzigartige Hausform. Ihr herausragendstes Merkmal ist die Dachkonstruktion: Das Dach ist relativ flach geneigt und mit mehreren Schichten dünner Platten aus Solnhofener Plattenkalk, sogenannten Legschieferplatten, gedeckt.

Das Jurahaus in Oberndorf besitzt die charakteristischen Merkmale dieses Haustyps. Auf einem nahezu quadratischen Grundriss steht ein breiter Baukörper mit dem üblichen, relativ hohen Kniestock und der traditionellen Legschieferdeckung. Die innere Aufteilung des Gebäudes stammt noch aus seiner Bauzeit im 18. Jahrhundert, ebenso die Anordnung der Fensteröffnungen. Der typische Mittelflur mit großformatigen Kalksteinplatten und dem böhmischen Gewölbe wurde behutsam instandgesetzt. Im Rahmen der Sanierung wurden im Erdgeschoss lediglich eine Wand versetzt, um das Bad zu vergrößern, und ein Durchgang zwischen Küche und Stube geschaffen.

Aus Kostengründen wurde die Erschließung des Obergeschosses durch den bestehenden Treppenraum beibehalten. Das Dachgeschoss ist mit Installationsanschlüssen und Dämmung für den späteren Ausbau zu einer Wohnung für den Hofnachfolger vorbereitet. Der charakteristische Dachstuhl mit Firstpfette und Mittelpfetten bleibt weiterhin sichtbar.

Bemerkenswert war von Anfang an die große Bereitschaft des Eigentümers, sein Wohnstallhaus zu erhalten und vor größeren Eingriffen zu bewahren. Mit dem Jurahaus in Oberndorf ist so ein gelungenes Beispiel für den sensiblen Umgang mit bestehender Bausubstanz entstanden. Die heutige Nutzung zeigt, dass zeitgemäßes Wohnen auch in einem sanierten Baudenkmal möglich ist.

Nutzfläche 145 qm
Ort Oberndorf 10, 92339 Beilngries
Bauherr Anton Gäck
Fertigstellung März 2004
Fotos Erich Spahn, Regensburg

NEUBAU EINER BIBLIOTHEK UND MENSA FÜR DAS GYMNASIUM DER STADT STARNBERG

Kutschker Leischner Architekten GmbH, Starnberg

Der Neubau einer Bibliothek und Mensa für das Gymnasium Starnberg geht auf einen Wettbewerbserfolg zurück. Die im Ursprung eingeschossige Eingangshalle wurde durch einen neuen Baukörper ersetzt. Dieser bildet nun eine zweigeschossige, zentrale Verbindung zur bestehenden Schulanlage. Im Erdgeschoss liegt nach wie vor die Eingangshalle, darüber – im Obergeschoss – sind sowohl die neue Mensa als auch eine moderne Schulbibliothek mit Arbeitsbereichen untergebracht.

Die offene und freundliche Gestaltung mit hellen Farben und großzügigen Verglasungen gibt dem Starnberger Gymnasium mit seinen vielen Bauabschnitten aus verschiedenen Bauzeiten ein einheitliches Gesicht. Inzwischen wurde im Zuge der energetischen Sanierung der Bestandsbauten das Farb- und Gestaltungskonzept des neuen Gebäudeteils übernommen.

Da sich das neue Gebäude über der bestehenden Tiefgarage befindet und der Untergrund sehr schwierig zu ertüchtigen war, durfte die Konstruktion des neuen Gebäudes nur ein geringes Eigengewicht besitzen. So wurde die Zwischendecke als Cobiax-Flachdecke mit einbetonierten Luftpolstern ausgeführt. Das Tragwerk im Obergeschoss besteht aus Stahlrahmen mit Elementdecken aus Porenbeton.

Nutzfläche 690 qm
Ort Rheinlandstraße 2, 82319 Starnberg
Bauherr Stadt Starnberg
Fertigstellung 2007
Auszeichnung Wettbewerb 1. Preis
Fotos Hans Kreye, Starnberg

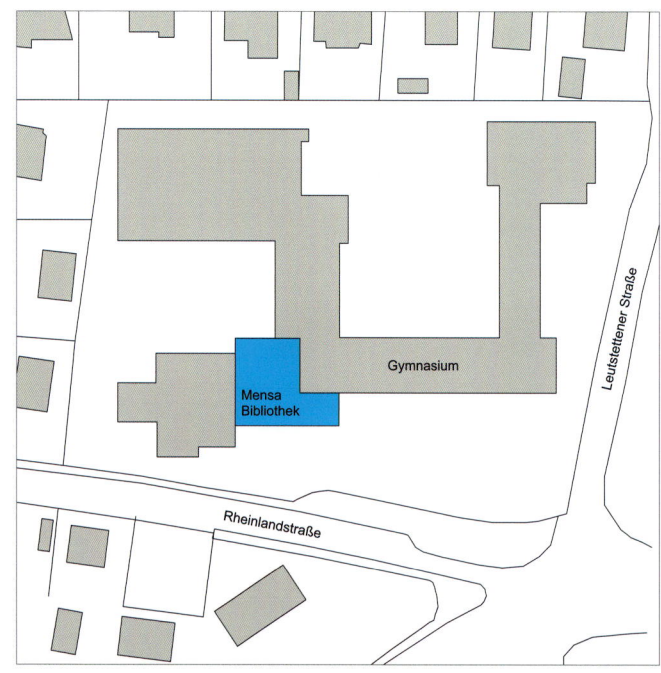

NEUBAU EINES STADTHAUSES, TRAUNSTEIN

Lechner · Lechner Architekten, Traunstein

Am Übergang vom mittelalterlichen Stadtgrundriss zur neuzeitlichen Erweiterung bildet der Maxplatz einen Dreh- und Angelpunkt im Zentrum von Traunstein. Dem Anspruch der Präsenz bei gleichzeitiger Einfügung in seine Umgebung wird der Neubau des Stadthauses auf selbstbewusste Weise gerecht: Als Gelenk gliedert er sich einerseits in die Blockrandbebauung der einmündenden Straßen ein und schließt sie andererseits zum Platz hin als turmartiger Solitär ab.

Die formale und konstruktive Anknüpfung an die Bauweise des Inn-Salzach-Typus verweist auf den historischen Charakter der Umgebungsbauten. Gleichzeitig lässt die ruhige, flächige und bewusst ornamentlose Lochfassade mit ihrer geometrisch geordneten Struktur Raum für die Imagination und Interpretation des Betrachters. Alt oder neu? Es entsteht ein Wechselspiel von unterschiedlichen Lesbarkeiten.

Je nach Tageszeit und Wetterlage ändert der Baukörper sein Erscheinungsbild. Mit den Lichtstimmungen changiert die Wirkung des verriebenen Putzes, und die Plastizität des Baukörpers tritt durch die tiefen Laibungen hervor. Der graue Anstrich betont die Rationalität des Baus und respektiert die Dominanz des benachbarten ockerfarbenen Pfarrhofs. Zugleich bringt der kräftige Rotstich Lebendigkeit und Wärme in die satten Tiefen des Grautons. Aus diesen Ambivalenzen schöpft der Bau Präsenz und Kraft.

Nutzfläche 470 qm
Ort Maxplatz 9, 83278 Traunstein
Bauherr Evi Schwaiger, Susi Leikauf, Vroni Weitemeyer
Fertigstellung 2011
Fotos Rasmus Dotzler, Lechner · Lechner Architekten, Traunstein

ENERGETISCHE SANIERUNG DES STAATLICHEN LANDSCHULHEIMS MARQUARTSTEIN

leitenbacher spiegelberger Architekten, Traunstein

Im Neuen Schloss Marquartstein und in mehreren, auf einem parkartigen Gelände verteilten Gebäuden aus der Zeit von 1950 bis 1970 ist seit 1958 das Staatliche Gymnasium und Internat Marquartstein untergebracht. 850 Schüler werden hier unterrichtet. Das Sonderprogramm „Energetische Sanierung staatlicher Gebäude" der Obersten Baubehörde im Bayerischen Staatsministerium des Innern hat 2008 die Erstellung eines übergeordneten Konzepts zur nachhaltigen energetischen Sanierung der staatlichen Schulanlage ausgelöst. Wegen der reduzierten Sanierungsmöglichkeiten im denkmalgeschützten Bereich galt es, einen höchstmöglichen Standard in den übrigen Gebäuden zu erreichen. Die schrittweise Umsetzung des Konzepts erfolgte seit 2009 in baulich und betrieblich aufeinander abgestimmten Maßnahmen.

Mit der Sanierung von zwei Schülerwohngebäuden im Passivhaus-Standard für rund 120 Internatsschüler des Gymnasiums wurde das Konzept für nachhaltiges Planen und Bauen im Bestand auf überzeugende Art umgesetzt. Neben der energetischen Ertüchtigung mit Passivhaus-Komponenten wurden die Häuser baulich-strukturell optimiert.

Die Fassaden wurden durch die neue Verkleidung aufgewertet, und es entstanden begrünte Vorzonen zu den Zimmern und Eingangsbereichen. Damit wurde die Aufenthalts- und Gestaltqualität deutlich gesteigert. Alle Zimmer sind konsequent nach Westen orientiert und haben hierdurch mit der vorgelagerten Balkon- bzw. Terrassenzone gleiche Bedingungen. Der gemeinschaftliche Aufenthaltsraum wurde der neuen, im Zusammenhang mit der erforderlichen Fluchttreppe entstandenen, südseitigen Loggia zugeordnet.

Die kubische Ausformung der Baukörper bewirkt eine zeitgemäße, prägnante Erscheinung. Die Materialität der Fassade aus heimischen Hölzern schafft eine Verbindung zur regionalen Bautradition und fügt die Gebäude in ihre Umgebung ein.

Nutzfläche 2.715 qm
Ort Neues Schloss 1, 83250 Marquartstein
Bauherr Freistaat Bayern, vertreten durch das Staatliche Bauamt Traunstein
Fertigstellung 2010
Fotos LS Architekten, Traunstein (S. 56 oben); Thomas Lauer, München (S. 56 Mitte, S. 57); Klaus Leidorf, Buch am Erlbach (S. 56 unten)

PFARRZENTRUM SANKT NIKOLAUS, NEURIED

meck architekten, München

Das Pfarrzentrum Sankt Nikolaus wurde von dem Auswahlgremium „Aktuelle Architektur in Oberbayern" mit dem Preis der Jury ausgezeichnet. Die folgende Würdigung hat Ira Mazzoni als Mitglied der Jury verfasst.

„Die Kunst der Konzentration – Das Bronze-Modell lässt sich in zwei Männerhänden bergen, aber es hat so viel Gewicht, dass die Hände der Schwerkraft folgend die Kleinskulptur, die mit ihren Höhlungen entfernt an Gebilde des baskischen Bildhauers Eduardo Chillida erinnert, bald wieder vorsichtig absetzen. Wie das Modell so ist auch das Gemeindezentrum von Neuried ein Schwergewicht, das im Niemandsland eines ausfransenden Dorfes südwestlich von München ein neues Gravitationszentrum mit Bodenhaftung schafft. Das Tiefgründende, Allseitige, Konzentrierte, Bergende und Haptische ist sichtbar und spürbar Programm des von Andreas Meck entworfenen Komplexes, der Pfarrsaal, Jugendzentrum, Verwaltung, Wohnungen und Kirche um einen Innenhof ordnet, in dessen Mitte zwei junge Kreuzdorn-Bäume symbolisch ihr filigranes Blattwerk über den gefährlich kräftigen Spitzen entfalten.

Da die alte St. Nikolauskirche im Ortszentrum weiter genutzt wird, durfte die Filialkirche am Ortsrand keinen eigenen Glockenturm bekommen. Ein sphärisches Großkreuz aus Corten-Stahl vor dem Gemeindesaal und ein Glockenrahmen auf dem Dach kennzeichnen den Sakralbau. Dabei vermittelt das Großkreuz in alle Himmelsrichtungen der Gemeindeentwicklung und vereint alle historischen Kreuzformen. Je nach Perspektive der Ankommenden erscheint die Corten-Skulptur als Antoniuskreuz, als griechisches oder lateinisches Kreuz. Insofern fungiert das sphärische Kreuz im konkreten wie übertragenen Sinne als Wegweiser und Raumkoordinate.

Volumen und Gewicht erhält das Gemeindezentrum durch seine sichtbar vorgehängten Ziegelfassaden aus dunklen, torfgebrannten und bisweilen stark verformten Schichtziegeln. Das Relief dieser bergenden Außenhaut scheint unter dem wechselnden Tageslicht zu atmen, und bisweilen blinkt der Sinter sternengleich auf. Der Kern der Gebäudegruppe besteht aus gestocktem Beton, dessen sandfarbene, kieshaltige Oberflächen allen öffentlichen Räumen im profanen Bereich der Baugruppe eine lichte Atmosphäre schenken. Gleichzeitig erinnert der Kies daran, dass auf Neurieder Grund einmal der Baustoff für Münchens Nachkriegsboom gewonnen wurde.

Dicke Wände kennzeichnen Gemeindesaal und Verwaltungsräume. Sie enthalten viel Stauraum, der hinter honigfarbenen Eichen-Schiebetüren verschwindet. Auch die eichenen, dunkelgebeizten Fensterelemente haben Körper. Mit ihren asymmetrisch verschwenkbaren Lüftungsklappen machen sie deutlich, dass Fenster nach innen wie nach außen Raum schaffen und gliedern können. Mecks Fensterfronten sind nie Fläche, sondern in Nutzung frei variierter Raum. Überall herrscht das menschliche Maß. Und es gibt kaum ein Detail, das nicht im Rahmen des Gesamten durchdacht und entsprechend sorgfältig ausgearbeitet wäre. Auch dadurch entsteht Ruhe und Konzentration.

Alten Kirchentraditionen entsprechend wird der Weg zur Kirche, der Übergang vom Profanen zum Sakralen durch mehrfache Raumfilter gelenkt. Da sind die flachen Stufen unter dem weitgespannten Portal der Platzseite, die helle Plattform des Atriums, die verschattete Zone des „Natex" vor der durchgehenden Fensterwand der Kirche, die außen und innen in Spiegelung und Durchsicht kunstvoll verschmilzt. Man betritt den Kirchenraum durch eine schwere und doch magisch leicht um die asymmetrische Achse bewegliche Bronzetür und befindet sich in einem weißwandigen Gefäß der Stille. Durch große Screens gefiltertes Tageslicht fließt seitlich durch einen enormen Mauertrichter auf die Altarinsel zu und überschneidet sich dort mit dem Zenitlicht der rechten hinteren Raumecke, deren seitliche Wand unmerklich abgeschrägt ist. Das diffundierte Licht lässt alle Raumgrenzen verschwimmen, so dass sich der Ort immaterialisiert.

Allein der Altarblock, in Schnitt und Maß der Gesamtarchitektur verwandt, ist sichtbar tief gegründet der Fixpunkt in diesem Lichtraum. Wenn von der uneinsehbaren Orgelempore eine Klangwolke in den Andachtsraum schwebt, dann klingt das auch wie das Hohe Lied auf die Möglichkeiten zeitgenössischer Architektur, die auf dem Fundament der Tradition steht und Räume mit Licht zu formen weiß. Nach Aussagen des Architekten kommen mehr Gemeindemitglieder öfter in die Kirche als zuvor. Die Konzerte sind gut besucht. Und am Sonntag zeigen Neuzugezogene ihren Freunden diese neue Kirche."

Nutzfläche 1.851 qm
Ort Maxhofweg 7, 82061 Neuried
Bauherr Katholische Kirchenstiftung St. Nikolaus, Maxhofweg 7, 82061 Neuried
Fertigstellung 2008
Auszeichnungen 2010 Architekturpreis 2009 des Ziegel Zentrum Süd e.V., 2011 Deutscher Lichtdesign-Preis in der Kategorie: Öffentliche Bereiche/Innenraum, Kirchenraum im Pfarrzentrum St. Nikolaus in Neuried, 2012 Deutscher Ziegelpreis 2011 Anerkennung, 2012 Premio Internazionale die Architettura Sacra V Edizione Anerkennung
Fotos Michael Heinrich, München; Florian Holzherr, München

WOHNHAUS ROTH, PLANEGG

moosmang architekten, Gräfelfing

Das Grundstück am ehemaligen Hochufer der Würm ist bereits mit einer alten Villa bebaut. Der Neubau bleibt unter der Traufkante der Villa und folgt in seiner Staffelung der Topographie des Geländes. Der langgestreckte Baukörper steht in Ost-West-Ausrichtung senkrecht zum Hang. Dadurch kann sich die lange Südfassade zum Garten mit altem Baumbestand hin öffnen.

Die weit auskragenden Flachdächer und Terrassen und die Schichtung der Fassaden lassen das Gebäude optisch über dem Hang schweben. Dieser Eindruck wird durch die unterschiedlichen Fassadenmaterialien verstärkt: Während das Sockelgeschoss mit sägerauer Holzschalung verkleidet ist, besteht die Fassade des darüber liegenden Baukörpers aus einem Wärmedämmverbundsystem mit hellem Putz. Farbige Akzente setzen die roten Eingangstüren, mit denen die Einheiten unabhängig voneinander erschlossen werden.

Die einfachen Grundrisse sind aus der linearen Anlage entwickelt und garantieren jedem Bewohner die gewünschte Privatheit. Der obere Abschnitt umfasst ein über mehrere Stockwerke reichendes Einfamilienhaus und ist über ein Terrassen- und Parkdeck mit dem unteren Abschnitt verbunden. Hier sind zwei grundrissgleiche Geschosswohnungen untergebracht. Durch die Anordnung am Hang haben alle Wohnungen einen ebenerdigen Ausgang zum Südgarten und freie Ausblicke ins Würmtal

Nutzfläche 470 qm
Ort Hofmarkstraße 23, 82152 Planegg
Bauherr Familie Roth
Fertigstellung 2007
Auszeichnung: Architektouren 2007, Ausstellung „Kunst im Landkreis München" 2007
Fotos Basti Arlt, München

BESUCHERGEBÄUDE KZ-GEDENKSTÄTTE DACHAU

Florian Nagler Architekten GmbH, München

Kein Haus, sondern einen Ort zu bauen – diese Idee liegt dem Entwurf für das Besuchergebäude der KZ-Gedenkstätte in Dachau zu Grunde. Ganz bewusst wurde ein städtebaulicher Bezug zur umliegenden Bebauung vermieden. Vielmehr fügt sich das Gebäude in die landschaftliche Gestaltung des neuen Zugangsbereichs zwischen Parkplatz und Gedenkstätte und deren Fassung mit „Baumwänden" ein.

Mehrere kleine Innenhöfe sorgen für natürliche Belichtung und Belüftung und eine angenehme Atmosphäre im Inneren des Gebäudes. Vom geschützten Eingangshof aus hat man direkten Zugang zum Foyer mit Informationsbereich und einem Buchladen. Der gastronomische Bereich bietet in einem der Höfe einen eigenen, nach außen abgeschirmten Freibereich.

Bestimmend für das Erscheinungsbild des Gebäudes sind zwei perforierte, quadratische Platten aus Sichtbeton, eine Sockelplatte und eine Dachplatte, die von einer Vielzahl von dicht gereihten Holzstützen getragen werden. Für die Stützen wurde silbrig-grau lasiertes, sägeraues Vollholz aus Douglasie verwendet. Stahlbetonwände sorgen im Gebäudeinneren für die notwendige Horizontalaussteifung. Sie wurden ebenso wie die Sichtbetonflächen in den Außenbereichen sandgestrahlt. Der Raumabschluss der meisten Räume wird durch großformatige Verglasungen gebildet. Aufgrund der ausladenden Vordächer, der dicht stehenden Außenstützen und der überwiegend massiven Böden und Decken ist vor den großflächigen Verglasungen kein weiterer Sonnenschutz mehr erforderlich. Sorgsam geschliffener sandfarbener Zementestrich als Bodenbelag verbindet alle öffentlich zugänglichen Bereiche. Er korrespondiert mit einer Deckenverkleidung aus geschliffenen Werkstoffplatten aus Birkenholz, die aus raumakustischen Gründen mit einer feinen Lochung perforiert wurden.

Die Atmosphäre im Gebäude wird ganz wesentlich vom Spiel aus Licht und Schatten geprägt, das durch die leichte Schrägstellung der Stützen und durch die Dialektik der sägerauen Wandoberflächen und der glatten, matt glänzenden Böden und Deckenuntersichten entsteht.

Nutzfläche 680 qm
Ort KZ-Gedenkstätte Dachau, Alte Römerstraße 75, 85221 Dachau
Bauherr Stiftung Bayerische Gedenkstätten / Gedenkstätte Dachau
Fertigstellung 2009
Auszeichnungen BDA Preis Bayern 2010 – Bauen für die Gemeinschaft, BDA Preis Bayern 2010 Sonderpreis für soziales Engagement, Deutscher Architekturpreis 2011, Gestaltungspreis der Stadt Dachau 2011, Wessobrunner Architekturpreis 2012
Fotos Stefan Müller-Naumann, München

HOTEL TANNERHOF, BAYRISCHZELL

Florian Nagler Architekten GmbH, München

Der Tannerhof ist ein über 100 Jahre altes Sanatorium für Naturheilkunde und seit seiner Gründung in Familienbesitz. Um den Tannerhof für die Zukunft zu rüsten, wurde für die vierte Generation ein Konzept erarbeitet. Zukünftig wird der Tannerhof als Naturhotel und Gesundheitsressort mit besonderen Angeboten weitergeführt.

Die traditionelle Hofanlage aus Alter Tann, Neuer Tann, Badehaus, Orangerie und Nebengebäuden wurde behutsam saniert, umgebaut und weiterentwickelt. Die Eingriffe wurden auf das unbedingt erforderliche Maß beschränkt, um die Identität des Tannerhofs zu erhalten und zu stärken. Die Tragwerke der bestehenden Gebäude wurden als bewährte Konstruktionen konzeptionell für den Umbau aufgegriffen und fortgeschrieben.

Die oberhalb der eigentlichen Sanatoriumsanlage liegenden „Lufthütten" sind wesentlicher Teil des historischen Tannerhoferbes. Als besondere Rückzugsorte für die Gäste stehen sie locker gruppiert im Hang oberhalb des Tannerhofs. Die Idee dieser Lufthütten wurde aufgenommen und in Form von vier neuen „Hüttentürmen" mit jeweils drei Ebenen weitergeführt. Jedes Turmzimmer ist in einen Schlaf- und einen Wohnbereich aufgeteilt. Licht und Luft können ungehindert durch deckenhohe Glastüren und große Fenster hereinfluten. Erreicht werden die oberen Stockwerke über eine eingeschnittene Außentreppe. Die Hüttentürme wurden als Holzkonstruktion aus Brettsperrholz auf in den Hang integrierten Sockelgeschossen aus Stahlbeton errichtet. Sie sind so platziert, dass ein ausgeglichenes Verhältnis von alten und neuen Hütten entsteht.

Nutzfläche 3.380 qm
Ort Tannerhofstraße 32, 83735 Bayrischzell
Bauherr Tannerhof GmbH und Co. KG
Fertigstellung 2011
Fotos Stefan Müller-Naumann, München

Das Hotel Tannerhof wurde vom Auswahlgremium „Aktuelle Architektur in Oberbayern" mit dem Preis der Jury ausgezeichnet. Die Würdigung verfasste Andres Lepik.

„Lokale Traditionen zu respektieren bedeutet in der Architektur an erster Stelle, die Gesetzmäßigkeiten eines Ortes so gut zu verstehen, dass man auch mit alten Gebäuden neue Wege beschreiten kann. Der Tannerhof als ein Sanatorium für Naturheilkunde in Bayrischzell blickt heute auf eine Geschichte von über 100 Jahren zurück, das zentrale Hofgebäude stammt dabei schon aus dem 18. Jahrhundert.

Die Hofanlage stellt sich als ein gewachsenes Ensemble aus neueren und alten Bauten dar und wurde als Basis für eine schonende Neugestaltung und Erweiterung genutzt. Der Architekt Florian Nagler hatte die Vorgabe, den Tannerhof für die Zukunft zu ertüchtigen, d.h. ihn an die technischen Anforderungen und die veränderten Erwartungen der Gäste der Gegenwart anzupassen und dabei zugleich den eigentlichen Charakter der Anlage zu bewahren. Denn viele der Gäste kommen hier schon über lange Zeit her und suchen nach einem Ort der Erholung und des Rückzugs, der unverwechselbar bleibt. Durch eine kluge Umstrukturierung konnten einige der bislang verstreuten Bereiche wie etwa die Ärztezimmer zusammengefasst und zusätzliche Zimmer für Gäste geschaffen werden. Dazu gehören auch die Lufthütten als abgeschiedene Außenstationen, die sich in den Wald ducken. Ein neuer Speisesaal, eine neue Küche – die Veränderungen durch den Umbau sind zum Teil erheblich und doch nur spürbar als konsequente Weiterführung des Vorhandenen."

ORTHOPÄDISCHE KINDERKLINIK, ASCHAU

Nickl & Partner Architekten AG, München

Die Orthopädische Kinderklinik in Aschau ist ein modernes und hoch spezialisiertes Krankenhaus mit internationalem Ruf. Trotz der hohen technischen und funktionalen Zwänge ist es gelungen, eine Atmosphäre zu schaffen, in der Kinder sich wohlfühlen. Die Planungen gehen auf einen Wettbewerbserfolg zurück. Während des laufenden Betriebs wurde in zwei Abschnitten der Bestand erneuert und durch einen Neubau mit 72 Betten und vier OP-Sälen erweitert. Der Neubau wurde als Stahlbetonskelettbau mit unterzugsfreier Flachdecke errichtet. Die Flexibilität durch die Konstruktion ergänzt ein leichtes Trennwandsystem der Flur- und Raumtrennwände, das den Anforderungen an ein zukunftssicheres, modernes Krankenhaus gerecht wird.

Die Baukörper bilden eine funktionale Einheit, die Übersichtlichkeit für Patienten und Besucher gewährleistet. Zentraler Anspruch war es, auf die kindliche Größe sowie den Bewegungs- und Spieldrang der Kinder einzugehen. Sowohl der Neubau als auch das Sanierungskonzept berücksichtigten diese Aspekte von Planungsbeginn bis zur Realisierung. So entstanden großzügige Aufenthalts- und Spielbereiche im Flur und großzügig verglaste Bettenzimmer mit Blick auf die malerische Voralpenlandschaft. Der Bezug nach außen, die überschaubare Größe jeder Einheit und eine optimale Belichtung fördern die Atmosphäre eines „Hauses im Grünen" und tragen damit positiv zum Heilungsprozess bei.

Die Haupteingangsfassade im Norden ist über alle Geschosse verglast, schafft einen Bezug von innen nach außen und erleichtert so die Orientierung. Die farbige Glasfassade wirkt spielerisch und hat hohen Wiedererkennungswert für die Kinder. Auch die Bettenzimmer im Westen sind großzügig verglast, um Aussicht ins Grüne zu gewährleisten. In den Gemeinschaftsbereichen erzeugen offen gestaltete Theken sowie ein Parkettboden einen wohnlichen Raumeindruck. Die 4x15 Meter große Kletterwand im Foyer ist eine besondere Attraktion. Sie wurde 2005 mit dem Innovationspreis architecture + health für nutzerfreundlichen und ungewöhnlichen Einsatz von Kunst am Bau ausgezeichnet.

Nutzfläche 2.500 qm
Ort Bernauer Straße 18, 83229 Aschau im Chiemgau
Bauherr Katholische Jugendfürsorge der Erzdiözese München und Freising e. V.
Auszeichnung Innovationspreis architecture + health der AIT 2005 für die Kletterwand in der Orthopädischen Kinderklinik Aschau
Fertigstellung 2011
Fotos Stefan Müller-Naumann, München

MEHRGENERATIONENWOHNEN „AM ENGLISCHEN GARTEN", LANDSBERG AM LECH

Nickl & Partner Architekten AG, München

Auf dem Gelände einer ehemaligen Gärtnerei am Englischen Garten in Landsberg am Lech entstand ein neues Wohnquartier, zu dem neben freistehenden Einfamilienhäusern auch eine Seniorenwohnanlage gehört. Die Gebäude ordnen sich um einen Anger, der das lebendige, kommunikative Herz des Wohngebiets ist. Als Quartiersplatz, Spielstraße, Treffpunkt und gemeinschaftlicher Grünraum prägt der Anger den Charakter der Wohnanlage, fördert die Gemeinschaft und die Identifikation der Bewohner mit ihrem Quartier.

Am Eingang des Quartiers, in Altstadtnähe, befindet sich die Seniorenwohnanlage, weiter südlich schließt sich eine lockerere Einfamilienhausbebauung an. Die insgesamt 75 Wohnungen verteilen sich auf fünf Zeilen. Alle Wohnungen sind nach Süden ausgerichtet und werden über Laubengänge im Norden erschlossen. Die Laubengänge laden mit Sitzbänken vor den Wohnungseingängen zum Verweilen, zu Austausch und Begegnung ein. Die Gebäudeköpfe beherbergen alternative Wohnformen wie Wohngemeinschaften, in denen auf jedem Geschoss bis zu vier Personen zusammenleben. Der Gemeinschaftsbereich mit Küche, Ess- und Wohnbereich öffnet sich nach Süden zum Garten hin. Ein zentral gelegenes Gemeinschaftshaus mit Mehrzweckraum wird für gemeinsame Mittagessen, Feste sowie Begegnung und Austausch im Café genutzt.

Die Stirnseiten der Wohnhäuser öffnen sich aufgrund des Sicht- und Lärmschutzes nur punktuell. Nord- und Südfassaden sind mit geschosshohen Holz-Aluminium-Fensterelementen gegliedert, textile Sonnenschutzläden lockern die Strenge der Südfassade auf. Das Wohnquartier „Am Englischen Garten" in Landsberg am Lech zeigt in überzeugender Weise die Möglichkeiten altersgerechten, selbstbestimmten Wohnens in einer aktiven, generationenübergreifenden Nachbarschaft auf.

Nutzfläche 4.500 qm
Ort Johann-Mutter-Str. 4-12, 86899 Landsberg am Lech
Bauherr Stadt Landsberg am Lech
Fertigstellung 2007
Fotos Stefan Müller-Naumann, München

MEHRZWECKTURNHALLE FÜR DAS INTERNAT SCHULE SCHLOSS STEIN E.V., STEIN AN DER TRAUN

Petzenhammer Architekten und Stadtplaner, Bad Aibling

Umgeben von einem parkartigen Gelände ergänzt die neue Mehrzweckturnhalle die Schule des 1948 gegründeten Internats Schloss Stein. Die Lage inmitten eines Ensembles aus denkmalgeschützten Schlossgebäuden unterhalb einer der bedeutendsten Höhlenburgen Deutschlands erforderte besondere Sensibilität bei der Einbindung des neuen Baukörpers in die Umgebung.

Aufgrund der vorgeschriebenen Hallenhöhe von 5,50 Metern wurde das abfallende Gelände genutzt, um die Halle um zwei bis drei Meter tiefer zu legen. Die Konstruktion ist in Stahlbeton mit einer außenliegenden Holzschalung ausgeführt, deren dunkler Ton mit dem Grau der Felswand korrespondiert. Durch große Glasflächen fällt das Tageslicht von oben blendfrei in die Halle.

Die Erschließung erfolgt über einen großzügigen, wettergeschützten Eingangsbereich an der südlichen Gebäudeecke oder – barrierefrei – über eine Rampe auf der Nordseite. Über eine innenliegende Treppe gelangt man ins Hanggeschoss, in dem sich neben dem Zugang zur Halle die Umkleidekabinen mit Waschräumen, die Lehrerumkleide sowie der Erste-Hilfe- und Technikraum befinden. An der Längsseite sind auf Hallenniveau die Geräteräume angeordnet.

Im Inneren der Halle bietet eine kleine Tribüne Platz für Zuschauer bei Wettkämpfen oder Aufführungen. Bei einer Spielfeldgröße von 15 x 27 Metern gibt es genug Platz auch für Sportarten wie Tennis und Basketball. Eine Besonderheit ist der Hallenboden: Beim Betreten der Halle ist zunächst nur eine homogene Fläche aus 165 Glasplatten sichtbar. Die Spielfeldmarkierungen können über LEDs einzeln zugeschaltet werden. Damit findet das farbige Linien-Wirrwarr der herkömmlichen Hallenböden ein Ende. Per Touchscreen können die Markierungen für verschiedene Sportarten aktiviert werden. Ähnlich wie beim herkömmlichen Hohlboden sind die Glasscheiben auf einer Aluminiumkonstruktion mit Kunststoffauflagen federnd gelagert. Kleine Keramikpunkte auf der Oberfläche sorgen für die notwendige Rutschfestigkeit.

Nutzfläche 840 qm
Ort Schlosshof 1, 83371 Stein a.d. Traun
Bauherr Internat Schule Schloss Stein e.V., vertreten durch Herrn Dipl.-Kfm. Sebastian Ziegler
Fertigstellung 2011
Fotos Michael Müller, KME studios, Rosenheim

ELBACHER GÜTEL, EURASBURG

Thomas Pscherer Architekt, München

Das bis vor wenigen Jahren als Kleinbauernhof genutzte „Elbacher Gütel" steht am Ortsplatz von Eurasburg. Das unter Denkmalschutz stehende Gebäude hat einen 450 Jahre alten, unveränderten Blockaufbau. Die Tenne besitzt eine kunstvolle Bundwerkkonstruktion, die Holzskelettkonstruktion ist mit aufwendigen Kopfbändern gestaltet. Bei dem Umbau des Hofes zum Restaurant mit Weinbar und Gästezimmern sowie einer Betriebsleiterwohnung wurde die einzigartige Substanz fachkundig restauriert und behutsam saniert.

Die Tenne wurde zum Gastraum umgebaut. Hier dominieren die harfenförmigen Kopfbänder und die alten Blockwände. Bei allen notwendigen Einbauten wurde großer Wert auf den Erhalt der historischen Bausubstanz gelegt. Wo nötig, wurde diese fachgerecht ausgebessert bzw. ergänzt. So wurden unter anderem die historischen Dielenböden vom Zimmerer ausgebaut, gereinigt, wieder eingebaut bzw. ergänzt. Die Treppen wurden – angelehnt an die historischen Beschläge – in Schwarzstahl ausgeführt. An der Nordseite der Tenne wurde das Bundwerk freigelegt und auf der Innenseite großflächig verglast, so dass zusätzliches Licht in den Gastraum einfallen kann.

Ein ablesbares Zeichen für die veränderte Nutzung der alten Hofstelle ist die leicht und transparent wirkende Holzkonstruktion an der Westseite. Durch den Vorbau konnte die historische Substanz der Blockwände erhalten werden. Hier verbirgt sich der Zugang zu den Toiletten in der Tennenauffahrt. Die verschiebbaren Lärchenlamellen vor den großformatigen Glasflächen sind unbehandelt und altern mit dem Bestand. Als Schalung der Westseite wurde eine Boden-Deckelschalung in sägerauer Lärche mit unterschiedlichen Deckbreiten gewählt.

Der zerstörte historische Schuppen wurde profilgleich mit Massivholzplatten aus Lärche wieder aufgebaut. Durch die großflächigen Verglasungen und die sichtbaren Lärchenmassivholzplatten entstand ein heller, kommunikativer Raum, der heute als Salettl genutzt wird.

Die Eingriffe in die historische Architektur sind klar ablesbar. Die moderne Zimmerertechnik braucht den Vergleich mit der historischen Zimmermannsarbeit nicht zu scheuen. Die sensiblen Eingriffe bewahren die Authenzität der historischen Hofstelle und schaffen eine offene, der neuen Nutzung angemessene, gastliche Atmosphäre.

Nutzfläche 360 qm
Ort Birkenallee 1, 82547 Eurasburg
Bauherr Monika und Matthias Hofmann
Fertigstellung 2010
Fotos Thomas Schmidt, Mühlhausen-Sulzbürg

VOLKS- UND RAIFFEISENBANK, PRIEN AM CHIEMSEE

s+p dinkel Architekturbüro, Gilching
in Projektpartnerschaft Wallner & Dinkel

Durch seine zentrale Lage am Priener Bahnhofplatz kommt dem Neubau der VR-Bank Rosenheim-Chiemsee eine wesentliche Bedeutung für sein städtebauliches Umfeld zu.

Eine neu entstandene Passage führt direkt in die Bahnhofstraße. Man flaniert leicht erhöht zum Straßenverkehr entlang großzügiger Verglasungen, die Einblicke in das helle und offene Gebäude zulassen. Die Gestaltung der Passage überzeugt durch eine lebendige Abfolge schmaler, gassenartiger Bereiche und platzartiger Aufweitungen.

Zum Bahnhofplatz hin dient der Neubau als Blickfang für Ankommende und setzt ein Zeichen am Übergang in die Bahnhofstraße. Dafür wurde eine Fassade entwickelt, die mit Öffnungen in einer regelmäßigen Struktur, einer Sockelzone aus Naturstein und einem Walmdach Bezug auf historische Themen nimmt, diese aber durch eine klare Formensprache in die heutige Zeit überträgt. Lebendig wird die Fassade durch sorgsam gestaltete Details sowie unterschiedliche Materialien. Um die neue Passage von der Bahnhofstraße her anzukündigen und gleichzeitig den Zugang zu den oberen Geschossen zu betonen, wurde der Zwischenbau deutlich herausgebildet. Die als Sonnenschutz dienende Streckmetallfassade steht in bewusstem Kontrast zur Fassade des Hauptgebäudes.

Nachhaltigkeit und Tradition, Innovationskraft und Zukunftsfähigkeit drücken sich auch in der Architektur aus – so werden die Leitlinien der VR-Bank nach außen hin sichtbar gemacht.

Nutzfläche 4.023 qm
Ort Bahnhofstr. 7, 83209 Prien am Chiemsee
Bauherr VR Bank Rosenheim Chiemsee eg
Fertigstellung 2012
Fotos Heidi Mayer, München

VIERGESCHOSSIGER WOHNUNGSBAU IN HOLZBLOCK-STÄNDER-BAUWEISE, BAD AIBLING

SCHANKULA Architekten, München

Das viergeschossige Holzhaus auf dem Parkgelände Bad Aibling stellt das Pilotprojekt eines Bausystems für Geschosswohnungsbauten in Holz dar. Holz ist im Geschosswohnungsbau alles andere als üblich und gilt gemeinhin nicht als das ideale Material für den Stadtraum. Mit dem Projekt sollte gezeigt werden, dass sich dies ändern lässt und dass der Baustoff Holz auch bei Geschosswohnungsbauten im urbanen Raum durchaus Beton, Stahl und Ziegel ersetzen kann. Ein entscheidender Vorteil des Bausystems ist auch die kurze Bauzeit: In vier Tagen wurden beim Pilotprojekt vier Geschosse mit fertiger Fassade und eingebauten Fenstern aufgestellt. Nach der Weiterentwicklung des Bausystems folgte im April 2011 ein achtgeschossiges Gebäude, das höchste Holzhaus Deutschlands.

Die gesamte Tragkonstruktion des viergeschossigen Gebäudes in Bad Aibling besteht aus Holz und ist ohne jegliche Betonteile in sich selbst ausgesteift. Zudem werden neben Decken und Wänden auch Aufzugsschacht und Loggien aus Holz gefertigt. Die geschossweise versetzt platzierten Loggien schaffen Privatheit auch in dem den Wohnungen zugeordneten Außenraum und geben den Gebäuden ein unverwechselbares Aussehen. Durch ihre feuchteregulierende Wirkung sorgen die Materialien Holz und Gips für ein angenehmes, gesundes Raumklima. Das auch innen sichtbare Holz schafft eine behagliche Atmosphäre. Die hervorragend gedämmte massive Außenwand bietet besten Kälte- und Hitzeschutz. Für besondere Luftqualität sorgen in jeder Wohnung dezentrale, bedarfsgesteuerte Komfortlüftungen mit Wärmerückgewinnung, die verbrauchte Raumluft gegen frische Außenluft austauschen. Dies reduziert wirkungsvoll den Gehalt von gesundheitsbelastenden Stäuben und Pollen in der Raumluft und verringert zudem den Energiebedarf der Wohnungen. Mit integrierten Heizkörpern oder auf Wunsch mit einer Fußbodenheizung wird schon bei niedriger Vorlauftemperatur der verbleibende Heizbedarf gedeckt. Insgesamt wurden durch die Errichtung des Hauses rund 250 m^3 Holz verbaut und damit ca. 250 t CO_2 der Erdatmosphäre auf lange Zeit entzogen.

Nutzfläche 492 qm
Ort Anne-Frank-Straße 11/13, 83043 Bad Aibling
Bauherr B&O Parkgelände GmbH, Bad Aibling
Fertigstellung 2010
Fotos SCHANKULA Architekten, München (S. 80); Huber & Sohn, Bachmehring (S. 81)

FASSADENSANIERUNG EINES VIERGESCHOSSIGEN WOHNUNGSBAUS, BAD AIBLING

SCHANKULA Architekten, München

Eine ehemalige US-Kaserne in Mietraching wird unter Nutzung der vorhandenen Bausubstanz zur „Nullenergiestadt" umgebaut. Das Gelände soll zu einem energetisch vorbildlichen Quartier mit Mischnutzungen von Wohnen, Arbeiten, Freizeit und sozialen Dienstleistungen entwickelt werden. Die Neubauten entstehen in Niedrigenergie-Holzbauweise. Neben diesen wurden auch Bestandsgebäude in das Konzept einbezogen.

Die Bestandsgebäude erhielten im Rahmen des Umbaus eine Fassade aus im Werk vorgefertigten, maßgeschneiderten Holzelementen im System der Aktiven Gebäudehülle. Mit fertigen Oberflächen und schon eingebauten Fenstern wurden die Elemente auf die Baustelle geliefert. Die Montage erfolgte dann mit einem Kran innerhalb weniger Tage. Auf diese Weise wird die Beeinträchtigung der Nutzer erheblich minimiert. Als Weiterentwicklung sind die Integration von Lüftungsgeräten für die Belüftung der dahinter liegenden Räume und die Ausbildung der Außenhaut als Luftkollektor zur Beheizung des Gebäudes mit Solarenergie geplant. Zwei dieser Elemente werden an einem bewohnten Nachbargebäude getestet.

Das System vorgefertigter Holzelemente wurde auch bei der Sanierung eines eingeschossigen Nebenbaus auf dem Gelände umgesetzt. Anstelle der Holzschalung besteht hier die Fassade aus vertikalen Holzleisten. In einer zweiten Ebene sind Schiebeläden mit den gleichen Leisten zum Schutz vor Überhitzung, Blendung sowie Einbruch montiert.

Die Fassadensanierungen werten zum einen die bestehenden Kasernengebäude gestalterisch und energetisch auf. Darüber hinaus überzeugen sie durch den konsequenten und durchdachten Einsatz von vorgefertigten Holzelementen in der Bestandssanierung.

Ort Anne-Frank-Straße 11/13, 83043 Bad Aibling
Bauherr Böhm-Hörmann GbR
Fertigstellung 2008
Fotos Edward Beierle, München

SPORTHALLE MIT WIRTSCHAFTSGEBÄUDE, MOOSBURG A.D. ISAR

schmidt heinz pflüger architekten, Moosburg a.d. Isar mit A2, Freising

Klar strukturiert, schlicht und schön – die neue Sporthalle der Sportgemeinschaft Moosburg e.V. schließt im Westen an das bestehende Sportfeld an. Über einen großzügig gestalteten Vorplatz werden die Sporthalle, der Sportplatz sowie das angrenzende freistehende Wirtschaftsgebäude mit Energiezentrale und Hausmeisterwohnung erschlossen. Zentrales Element der Sporthalle ist die räumliche Verbindung von Außensport- und Hallensportflächen durch einen Mehrzweckraum mit angrenzender Innentribüne sowie Terrasse und Außentribüne.

Der Mehrzweckraum und die Innentribüne gewähren durch die großformatigen Fensterflächen sowohl zum Innenbereich der Sporthalle als auch zum Außensportfeld und den neuen Außenanlagen optimale Sichtbeziehungen.

Dem Mehrzweckraum angeschlossen ist eine Küche, die gleichzeitig als Kiosk genutzt werden kann.

Ein Raum für Gymnastik und Kampfsport sowie ein Kraftraum werden – wie auch die Sporthalle und die Umkleiden mit Duschen – über einen Turnschuhgang erschlossen. Ein Oberlichtband in der Westfassade gewährleistet eine gleichmäßige blendfreie Belichtung der Sportflächen. Der Gymnastik-/Kampfsportraum erhält zusätzlich Licht und Außenraumbezug durch eine zum „Freiluftgymnastikbereich" zu öffnende Fensterfront. Über die Öffnungselemente im Oberlichtband können die Räume natürlich belüftet werden. Ebenso sind alle Nebenräume direkt belüftet und belichtet. Die Sporthalle wurde in ökologischer Holzbauweise errichtet. Die Dachkonstruktion ist als Flachdach ausgebildet und bietet die Möglichkeit der Nutzung einer Photovoltaik-Anlage. Eine Deckenstrahlheizung im Sporthallen- und Gymnastik-/Kampfsportbereich sorgt für geringe Betriebskosten. Die Energieerzeugung erfolgt mit Pellets. Die im angrenzenden Wirtschaftsgebäude untergebrachte Energiezentrale versorgt als Mini-Nahwärmenetz neben der Sporthalle noch die Hausmeisterwohnung sowie ein neues, nördlich gelegenes Jugendhaus.

Nutzfläche 1.635 qm
Ort Am Stadion 3, 85368 Moosburg a.d. Isar
Bauherr Sportgemeinschaft Moosburg e.V.
Fertigstellung 2011
1. Preis Realisierungswettbewerb, Architektouren 2012
Fotos Christian Willner Photographie, Moosburg a.d. Isar

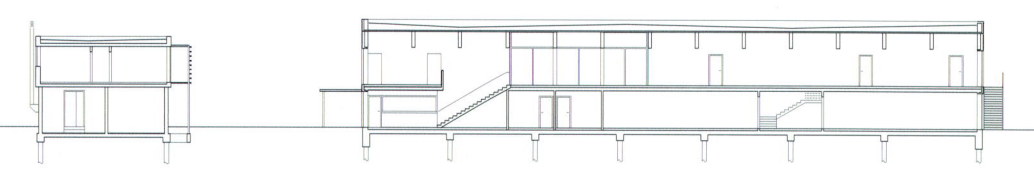

LASSEHAUS, AMBACH

spandriwiedemann architekten, München

Das 1918 als einfacher Rückzugsort für den Landschaftsmaler Erich Lasse erbaute Einfamilienhaus am Ostufer des Starnberger Sees hatte durch mehrere Umbau- und Erweiterungsmaßnahmen seinen ursprünglichen Charme verloren. Um wieder eine klare Struktur und angemessene Großzügigkeit zu schaffen, wurde das im Laufe der Jahre entstandene verschachtelte bauliche Gefüge bereinigt.
Dabei wurde der Grundriss vollständig neu organisiert und eine raffinierte horizontale und vertikale Erschließung entwickelt: Als verbindendes Element der einzelnen Bereiche ist sie in die Raumfolgen integriert und führt wie ein Weg über Zwischenebenen durch das Gebäude. Die Fenster sind so positioniert, dass sich bei dem Weg durch das Haus immer wieder neue Ausblicke ergeben: Es gibt großzügige Öffnungen zu den umliegenden Wiesen, konzentrierte Ausblicke auf die nahen Alpen und einen starken Bezug zum See im Westen.

Zentrum des familiären und sozialen Lebens ist die große, offene Küche mit einem einladenden Tisch aus Eichenholz und einer kleinen Lounge. Eine ihr seeseitig vorgelagerte Terrasse ermöglicht den direkten Zugang zum Garten. Schlaf- und Arbeitsräume befinden sich in den peripheren Bereichen des Hauses und gestatten eine private Atmosphäre.

Innenarchitektur und Lichtkonzept – entwickelt in Zusammenarbeit mit dem Büro „formstelle" – sind reduziert auf wenige, aber kräftige Elemente und schaffen eine ruhige Atmosphäre. Neben den leicht grau verputzten Wänden ziehen sich im Wesentlichen drei Materialien durch das Haus: Eichenholz und Naturstein für die Böden und Fenster, Messing für Armaturen, Beschläge, Griffe und Leuchten – überwiegend speziell entworfen und angefertigt. Sämtliche Oberflächen und Bauteile sind handwerklich hergestellt und unterstützen mit ihrer besonderen Qualität die offene, warme Atmosphäre im Haus.

Das Lassehaus hat durch den Umbau eine einfache, ländliche Typologie bewahrt, diese in eine zeitgemäße Sprache übersetzt und erfüllt die gegenwärtigen Anforderungen seiner heutigen Bewohner. Die Gestaltung verweist auf die eigene Entstehungsgeschichte und zeigt ihre Brüche – die Anordnung der Öffnungen setzt sich von der Strenge einer modernen, gerasterten Fassade ab und schafft einen nahbaren, individuellen Charakter.

Nutzfläche 270 qm
Ort Luigenkamer Weg 11, 82541 Ambach
Bauherr Christopher und Claudia Kleine
Fertigstellung 2010
Fotos Studio Mierswa-Kluska, München

HOFHÄUSER, GREIFENBERG

Sunder-Plassmann Architekten Stadtplaner BDA, Greifenberg

Drei Wohnhäuser gruppieren sich auf dem 1000 qm großen Grundstück in Greifenberg dicht gedrängt um einen gemeinsamen Hof. Die dazwischenliegenden Räume erinnern an traditionelle Strukturen der oberbayerischen Dörfer. Die robuste Gestalt der Gebäude schafft Authentizität und verstärkt den gemeinschaftlichen Charakter der Anlage. Der gemeinsame Hof dient der Erschließung und der Begegnung der Bewohner untereinander. Ein Brunnen lädt zum Verweilen ein, der lange Tisch ist fester Bestandteil der stattfindenden Gartenfeste.

Den privaten Außenraum bilden die Loggien und die Terrassen im Garten. Weit auskragende Dächer und die traufseitigen haushohen Holzpfeiler markieren zusätzlich den zum Haus gehörenden Außenraum. Dadurch entstand eine fein abgestufte Schichtung der Gebäudehülle, in der ein fließender Übergang der Räume von innen nach außen, vom Privaten zum Gemeinschaftlichen möglich ist.

Das Sockelgeschoss ist massiv errichtet, darüber wurden die Häuser in Massivholzbauweise mit einer gehobelten, breiten Stulpschalung aus Douglasien errichtet. Wenige großformatige Fenster sind so angeordnet, dass ein offener Blick in die Landschaft möglich ist. Trotz der Dichte wurde gegenseitige Einsicht vermieden.

Auch im Inneren ist das vorherrschende Material Holz, hier als glatte Oberfläche der massiven Holzplatten. Die solide Struktur des Grundrisses bietet vielfältige Raumnutzungen. Ein zweigeschossiger Wohnraum gibt Großzügigkeit. Die Wandflächen werden durch dunkel abgesetzte raumhohe Holztüren und Fenster gegliedert.

Die Häuser verfügen über eine gemeinsame Wasser/Wasser-Wärmepumpe. Das Warmwasser wird über Sonnenkollektoren erwärmt.

Nutzfläche 540 qm
Ort Karwendelstr. 5, 86926 Greifenberg
Bauherr Marie-Luise Sunder-Plassmann
Fertigstellung 2011
Auszeichnung Architektouren 2012
Fotos Benedikt Sunder-Plassmann, Greifenberg

VILLA KNORR - ERWEITERUNG DES TAGUNGSHOTELS LA VILLA, NIEDERPÖCKING

Sunder-Plassmann Architekten Stadtplaner BDA, Greifenberg

Das denkmalgeschützte Ensemble der Villa Knorr mit seinem historischen Landschaftspark wurde im Jahr 1855 von Arnold Zenetti am Westufer des Starnberger Sees erbaut und wird heute als exklusives Tagungshotel genutzt. Das sensible Gleichgewicht zwischen See, Villa und Remise erhält mit dem ergänzten Tagungspavillon eine neue Ordnung. Der dazwischen liegende Raum wird gefasst und lässt weite Blicke auf den Starnberger See zu.

Das Gebäude lehnt sich an die Tradition des Gartenpavillons an, welche auch auf historischen Fotos der Villa zu sehen ist. Ein Zeltdach mit leichten Vorhängen schwebt auf schlichten Holzkörpern. Der moderne Pavillon nimmt sich in seiner Erscheinung und Lage zurück und betont gleichzeitig die Bedeutung der Villa. Die sägeraue Eichenschalung der Außenhaut passt sich in den Farbkanon der Bestandsgebäude ein, ohne sich anzubiedern. Großformatige Schiebetüren nehmen die Raumhöhen der Villa auf und lassen einen direkten Bezug von innen nach außen zu. Eine Holzterrasse schwebt über der Landschaft.

Die bestehende Remise erhält einen zusätzlichen Flügel für weitere Gästezimmer. Die Erschließung erfolgt in Analogie zum Bestand über Treppen und eine offene Laube. Die Hotelzimmer sind zweiseitig belichtet. Eine Tiefgarage und Nebenräume sind in zwei Untergeschossen untergebracht und treten abgesehen von der Tiefgaragenzufahrt nicht in Erscheinung. Gleichzeitig verbindet dieser nicht sichtbare Sockel Alt und Neu. Villa, Pavillon und Remise fügen sich in den historischen Kontext des Starnberger Sees mit seiner Villentradition ein und bilden inmitten des Landschaftsparks ein neues harmonisches Ensemble, in dem sich Funktionen und Typologie gegenseitig ergänzen.

Nutzfläche 3.300 qm
Ort Ferdinand-von-Miller-Str. 39-41, 82343 Niederpöcking
Bauherr Stiftung Michael Roever, Andrea Roever; Exklusive Klausur- und Tagungsstätten GmbH Hotel La Villa
Fertigstellung 2012
Fotos Michael Heinrich, München

NEUE OLYMPIASCHANZE, GARMISCH-PARTENKIRCHEN

terrain: loenhart&mayr BDA landscape urbanism, München

Seit 1922 findet in Garmisch-Partenkirchen das berühmte Neujahrsspringen im Rahmen der Internationalen Vierschanzentournee statt. Die Anlage am Partenkirchener Gudiberg gehört daher zu den bedeutendsten und bekanntesten weltweit. Die alte Olympia-Skisprungschanze aus den 1950er-Jahren war jedoch nicht mehr wettbewerbsfähig und machte einen Neubau erforderlich.

2006 wurde ein internationaler Architekturwettbewerb ausgelobt, aus dem der Entwurf des Münchener Büros terrain:loenhart&mayr als Sieger hervorging. Die Jury hatte einstimmig entschieden: Eine weit auskragende, futuristisch anmutende Konstruktion setzt dem Skisport im Talraum Garmisch-Partenkirchen nun ein markantes bauliches Zeichen und ist gleichzeitig eine Metapher für die Kühnheit und Eleganz des Skisprungs.

Beim Entwurf der Sprungschanze haben sich die Architekten von der Topografie des anschließenden Gudibergs inspirieren lassen. Die sanft geschwungenen Linien der auslaufenden Bergkette finden sich in der Linienführung der neuen Schanzenanlage wieder. Durch die weite Auskragung des Anlaufbauwerkes erscheint die gesamte Konstruktion nahezu schwerelos und vom Gelände losgelöst. Tatsächlich werden die rund 600 Tonnen des Stahltragwerkes an nur zwei Punkten abgetragen. Das Stahlfachwerk des Anlaufbauwerks ist mit transluzenten Polycarbonat-Platten bekleidet. Durch diese Hülle verändert sich das äußere Erscheinungsbild mit dem Wechsel zwischen Tageslicht und künstlicher Beleuchtung: Tagsüber wird die Schanze mit der umgebenden Schneelandschaft zu einer Einheit. In der Dämmerung löst sich die Form des hell erleuchteten, diffusen Baukörpers aus der umgebenden Landschaft und wird für die Dauer der Nacht zur Lichtskulptur, die im Talraum Garmisch-Partenkirchen weithin sichtbar ist.

Ort Garmisch-Partenkirchen
Bauherr Markt Garmisch-Partenkirchen
Fertigstellung 2007
Auszeichnungen BDA Preis Bayern 2010, Nominierung
Internationales Olympisches Komitee - IOC Award 2009, in Gold;
Mies van der Rohe Award 2009, Nominierung;
Balthasar Neumann Preis 2008, Engere Wahl;
Ingenieurbau-Preis 2008, Auszeichnung
Fotos terrain: loenhart & mayr BDA, architekten und landschaftsarchitekten (Archiv)

Die Neue Olympiaschanze wurde vom Auswahlgremium „Aktuelle Architektur in Oberbayern" mit dem Preis der Jury ausgezeichnet. Die Würdigung verfasste Jakob Dunkl.

„Als Jurymitglied lobende Worte für ein Projekt zu finden, bei dem man selbst als Teilnehmer im Wettbewerb unterlegen war, erscheint schwierig. Das Gegenteil ist jedoch der Fall. Gerade aus besonderer Kenntnis der Situation, der Aufgabenstellung, des Termindrucks und des Teilnehmerfeldes kann ich nur sagen: Respekt! Wer beispielsweise eine Zaha Hadid klar hinter sich lassen kann, der hat schon etwas Besonderes geleistet.

Diese Schanze ist außergewöhnlich elegant. Sie ist ein Landmark für Garmisch-Partenkirchen. Und sie zeigt, dass es auch Ingenieurbauwerke verdienen, hochwertig gestaltet zu werden. Was hier entworfen wurde, ist ein Land-Art Projekt. Wir sehen ein spezielles Objekt, welches eine sehnig, muskulöse Eleganz aufweist, die an Sprungkraft und Dynamik der dort wettkämpfenden Sportler zu erinnern vermag.

Die großen technischen Herausforderungen des neu zu entwickelnden Schrägaufzuges oder der schwierigen Bauabwicklung im steil geneigten Terrain merkt man dem Bauwerk keineswegs an. Unter diesen Umständen Planung und Ausführung auch noch innerhalb eines einzigen Jahres abzuwickeln, erscheint rekordverdächtig. Was einer Olympiaschanze durchaus angemessen ist. Respekt."

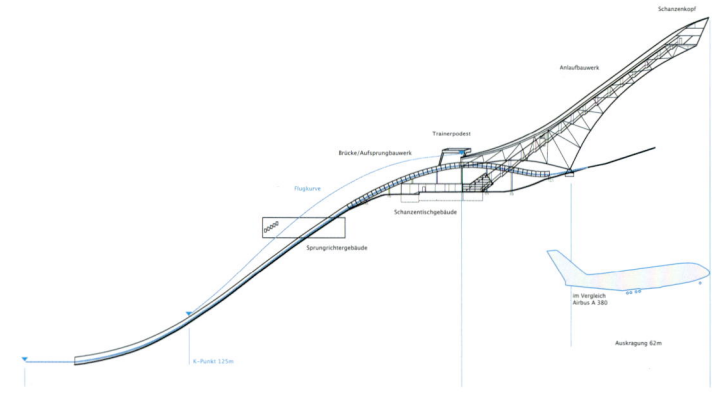

FELS AM HANG, GAUTING

Unterlandstättner Architekten, München

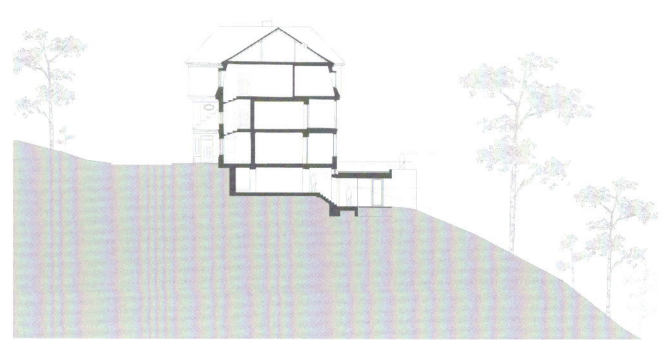

Unterhalb einer denkmalgeschützten Villa aus dem Jahr 1890 fügt sich der Neubau in den Hang des parkähnlichen Grundstücks ein und gibt dem historischen Gebäude einen eigenständigen Sockel, der als Terrasse genutzt wird. Die moderne Architektur des Neubaus verschränkt sich mit der historischen Bausubstanz und der Landschaft.

Die bestehende Stützwand mit Terrasse, die der Villa an der Hangkante vorgelagert war, konnte auf Grund irreversibler, umfangreicher Bauschäden nicht mehr erhalten werden. Mit dem Neuaufbau stellte sich die Möglichkeit dar, den im Bestand verfüllten Bereich zwischen Stützwand und Kelleraußenwand als Wohnraum zugänglich zu machen und den bis dahin dunklen Keller zu belichten. Darüber hinaus werden die Freibereiche des unterhalb der ehemals abweisend wirkenden Stützwand nun direkt vom Wohnraum der untersten Etage, dem ehemaligen Keller, zugänglich. Der Bezug zum Park bekommt damit einen neuen Stellenwert.

Die denkmalgeschützte Villa wurde von Grund auf saniert, die umfangreichen, nicht denkmalgerechten Eingriffe der letzten Jahrzehnte zurückgebaut und die überlieferte Raumstruktur wiederhergestellt. Auflage der Genehmigungsbehörde war es, dass der Neubau in der Außenwirkung nicht als Erweiterung des Bestandes und zusätzliches Geschoss ablesbar sein sollte. Dem entsprechend wurde die Fassade des Neubaus an Stelle der historischen Stützwand als gebaute „Felswand am Hang" aufgefasst und die Belichtung über drei höhlenartige Einschnitte ermöglicht. Unter Berücksichtigung der bestehenden Belichtungsverhältnisse und Sichtachsen wurde der Grundriss auf die höhlenartigen Öffnungen abgestimmt. Durch die klare Volumenbildung und die Reduzierung auf wenige, dafür prägnante Materialien entsteht ein Wechselspiel aus Abgeschiedenheit und Rückzug, Einblicken und Ausblicken. Mit den raumhohen, verglasten Einschnitten wird der Innenraum nach außen erweitert.

Die Sichtbetonfassade mit gespitzter Oberfläche benötigt wie das historische Gebäude mit eingefärbtem mineralischem Putz keinen schützenden Anstrich. Mit seiner klaren Struktur und der Konzentration auf Wesentliches entsteht ein unverwechselbarer und kraftvoller Charakter, der sich gleichermaßen in das landschaftliche Umfeld integriert und die Eigenständigkeit des historischen Gebäudes bewahrt.

Nutzfläche 120 qm (Neubau), 450 qm (historischer, denkmalgeschützter Bestand)
Ort Würmtal, Gauting bei München
Bauherr privat
Fertigstellung 2010
Auszeichnung Wessobrunner Architekturpreis 2012 (Auszeichnung), HASIT Architekturwettbewerb INNEN WIE AUSSEN – 1. Preis
Fotos Michael Heinrich, München

Kläperfilz 2005 (Moor hinter der Wieskirche, Steingaden)

Standorte der Architekturbüros

1 Reinhard Bauer Architekten, München
· Neubau Finanzamt, Garmisch-Partenkirchen

2 Baukunsthaus, Nicole und Christian Metzger, Epfenhausen
· Neubau eines Wohnhauses, Pürgen

3 bogevischs buero | architekten & stadtplaner gmbh, München
· Wohnanlage Hollerstauden, Ingolstadt

4 Claus+Forster Architekten BDA, München
· Gymnasium St. Matthias, Waldram
· Evangelisch-lutherisches Gemeindezentrum, Wolnzach

5 demmel und hadler GmbH
· „Das Tegernsee", Tegernsee – Umbau und Erweiterung eines 4-Sterne Superior Hotels (mit Prof. Angerer, München)
· Wohnhaus, Andechs

6 Diezinger Architekten GmbH, Eichstätt/Regensburg
· Neubau Realschule, Dachau
· Dreifachsporthalle, Garching

7 Fischer Architekten, München
· Erweiterung Erich-Kästner-Schule, Höhenkirchen-Siegertsbrunn
· Kelten Römer Museum, Manching

8 Fuchs und Rudolph Architekten Stadtplaner, München
· Gymnasium mit Sporthalle, Tagesheim und Freisportflächen, Gaimersheim

9 Glaser Architekten, München
· Aussegnungshalle, Markt Manching

10 Goetz Hootz Castorph Architekten und Stadtplaner GmbH, München
· Wohnen im Herderpark, Bad Tölz
· Jugendzentrum „Nepomuk", Starnberg

11 HERLE + HERRLE Architekten BDA, Neuburg an der Donau
· Kindergarten Apostelkirche, Neuburg an der Donau

12 kandler und mack architekten gmbh, München
· Einfamilienhaus, Ammerland

13 Klein & Sänger Architekten GbR/GmbH, München
· Dreifachsporthalle, Brannenburg
· Berufsfachoberschule, Landsberg am Lech

14 Architekturbüro Kühnlein, Berching
· Sanierung Jurahaus Gäck, Oberndorf

15 Kutschker Leischner Architekten GmbH, Starnberg
· Neubau einer Bibliothek und Mensa für das Gymnasium der Stadt Starnberg

16 Lechner · Lechner Architekten, Traunstein
· Neubau eines Stadthauses, Traunstein

17 leitenbacher spiegelberger Architekten, Traunstein
· Energetische Sanierung des Staatlichen Landschulheims Marquartstein

18 meck architekten, München
· Pfarrzentrum Sankt Nikolaus, Neuried

19 moosmang architekten, Gräfelfing
· Wohnhaus Roth, Planegg

20 Florian Nagler Architekten GmbH, München
· Besuchergebäude KZ-Gedenkstätte Dachau
· Hotel Tannerhof, Bayrischzell

21 Nickl & Partner Architekten AG, München
· Orthopädische Kinderklinik, Aschau
· Mehrgenerationenwohnen „Am Englischen Garten", Landsberg am Lech

22 Petzenhammer Architekten und Stadtplaner, Bad Aibling
· Mehrzweckturnhalle für das Internat Schule Schloss Stein e.V., Stein an der Traun

23 Thomas Pscherer Architekt, München
· Elbacher Gütel, Eurasburg

24 s+p dinkel Architekturbüro, Gilching
· Volks- und Raiffeisenbank, Prien am Chiemsee (in Projektpartnerschaft Wallner & Dinkel)

25 SCHANKULA Architekten, München
· Viergeschossiger Wohnungsbau in Holzblockständer-Bauweise, Bad Aibling
· Fassadensanierung eines viergeschossigen Wohnungsbaus, Bad Aibling

26 schmidt heinz pflüger architekten, Moosburg a.d. Isar
· Sporthalle mit Wirtschaftsgebäude, Moosburg a.d. Isar (mit A2, Freising)

27 spandriwiedemann architekten, München
· Lassehaus, Ambach

28 Sunder-Plassmann Architekten Stadtplaner BDA, Greifenberg
· Hofhäuser, Greifenberg
· Villa Knorr – Erweiterung des Tagungshotels La Villa, Niederpöcking

29 terrain: loenhart&mayr BDA landscape urbanism, München
· Neue Olympiaschanze, Garmisch-Partenkirchen

30 Unterlandstättner Architekten, München
· Fels am Hang, Gauting

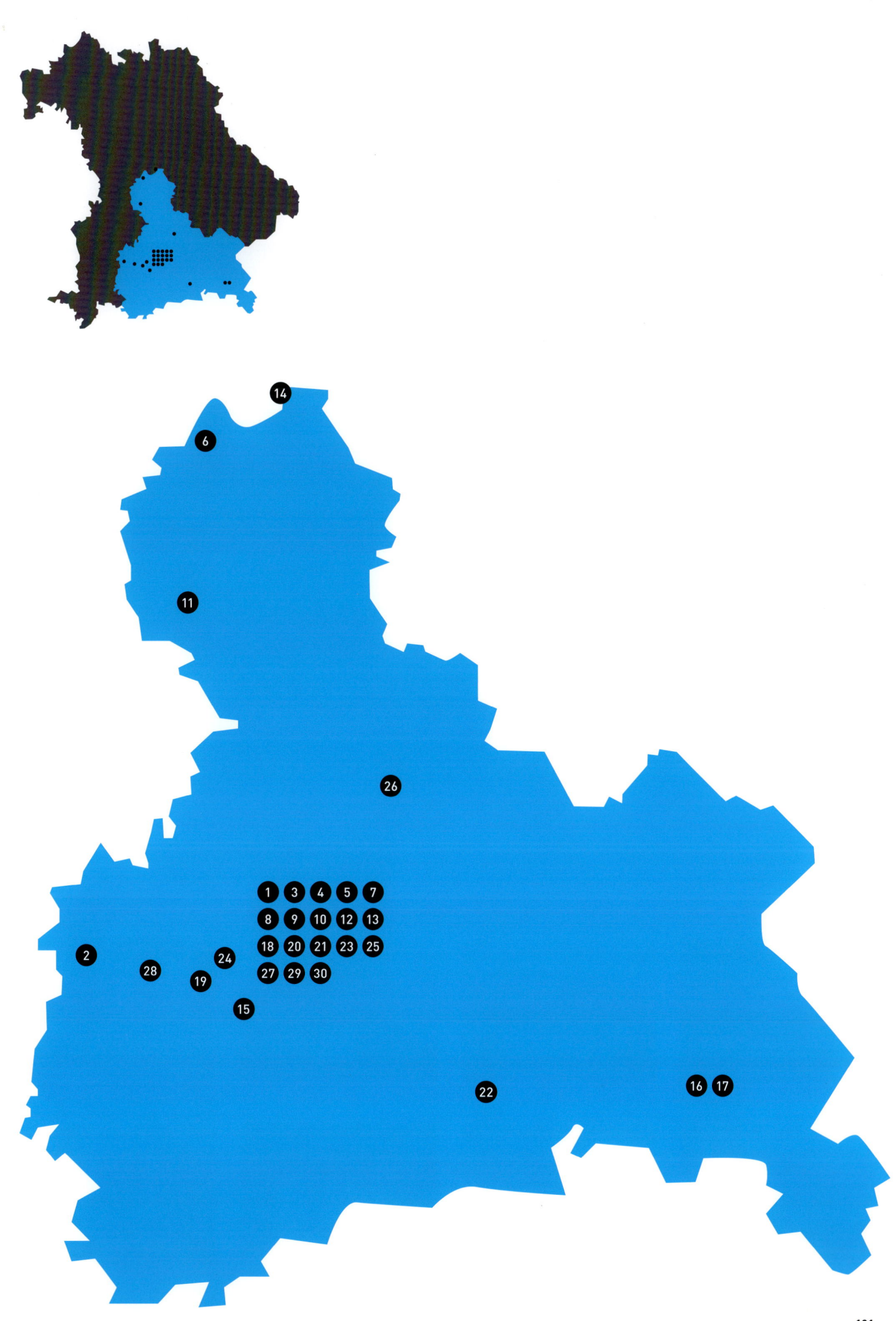

Reinhard Bauer Architekten
Reinhard Bauer Architekt BDA

Adresse:
Ickstattstraße 11a, 80469 München, T. 0 89-201 30 54, F. 0 89-201 30 24
mail@reinhardbauerarchitekten.de, www.reinhardbauerarchitekten.de
Mitarbeiter: 5
Gegründet: 1995
Tätigkeitsfelder: Alle Leistungsphasen HOAI § 33 / 1 bis 9
Kurzvita:

1957	geboren
1984	Diplom TU München
1985-1993	freie Mitarbeit in verschiedenen Architekturbüros
1989	Eintragung in die Architektenliste
1994	Bürogründung
1999	Mitglied BDA

Baukunsthaus
Nicole Metzger
Christian Metzger

Adresse:
Alte Bergstraße 411, 86899 Landsberg, T. 0 81 91-82 60
info@baukunsthaus.de, www.baukunsthaus.de
Mitarbeiter: 2
Gegründet: 1996
Tätigkeitsfelder: Hochbau, Energieberatung, Projektentwicklung, Altbausanierung im Denkmalschutz
Kurzvita:
Nicole Metzger
Architekturstudium an der HdK (Hochschule der Künste) in Berlin
Auslandssemester in der Schweiz
Mehrere Büropraktika in der Schweiz
Mehrjährige Mitarbeit in einem Landschaftsplanungsbüro in Berlin
Mitarbeit in verschiedenen Architekturbüros während des Studiums

seit 2000	selbstständig
seit 2001	gemeinsames Büro mit Christian Metzger

Christian Metzger

1991-1996	Architekturstudium an der Fachhochschule München
seit 1992	Mitarbeit in verschiedenen Architekturbüros rund um den Ammersee
seit 1996	eigenständiges Architekturbüro, Abwicklung aller Leistungsphasen der HOAI sowie Energieberatung
2000-2002	Masterstudium an der Donau-Universität Krems
seit 2001	gemeinsames Büro mit Nicole Metzger
2001	Abschluss zum Akademischen Experten für Solares Planen und Bauen
2002	Abschluss zum Master of Solar – Architecture

Hauptfeuerwache, Freising

Bezirkshauptmannschaft, Rohrbach

Haus Müller-Lutz, Schwifting

Haus Huttner, Treppenhaus, Landsberg am Lech

Sprachheilschule, München-Johanneskirchen

Betriebszentrale der Münchener Stadtentwässerung

Haus Huttner, Dachstuhl, Landsberg am Lech

bogevischs buero | architekten und stadtplaner gmbh

Rainer Hofmann, Dipl.-Ing. Architekt MArch ARB BDA Stadtplaner
Hans-Peter Ritzer, Dipl.-Ing. Architekt BDA DWB & Stadtplaner

Adresse:
Schulstraße 5, 80634 München, T. 089-45 23 54 70
buero@bogevisch.de, www.bogevisch.de
Mitarbeiter: 8 Architekten, Stadtplaner und Ingenieure
Gegründet: 2000
Tätigkeitsfelder: Schwerpunkt Wohnungsbau, Verwaltungsbau, Bildungsstätten
Kurzvita:
Rainer Hofmann
1986-1993   Studium an der TU München und East London University
1994-1995   Studium zum Master an der Iowa State University
1995-2000   Mitarbeiter bei MacCormac Jamieson Prichard, Sauerbruch Hutton, Brookes Stacey Randall, Horden Cherry Lee Architects, London
2010   Lehraufträge an der HS Coburg, der AA School of Architecture und der Bartlett School of Architecture
seit 2000   bogevischs buero mit Ritz Ritzer
Hans-Peter Ritzer
1982-1984   Zimmererlehre
1986-1993   Studium an der TU München und E.T.S.A.B Barcelona
1993-1997   Mitarbeiter b. Hebensperger-Hüther-Röttig-Architekten, München
1997-2001   Wiss. Assistent am Lehrstuhl „Planen und Bauen im ländlichen Raum" an der TU München
seit 2007   Vorstand im Deutschen Werkbund Bayern
seit 2010   Lehraufträge an der HS Coburg, der HS Weihenstephan-Triesdorf und der HS Würzburg
seit 2000   bogevischs buero mit Rainer Hofmann

Studentenwohnanlage am Felsennelkenanger, München

Kooperationseinrichtung Diamantstraße, München

Gewerbehof Laim, München

Genossenschaftliche Wohnanlage wagnis 3, München Riem

Claus+Forster Architekten BDA

Wilfried Claus, Dipl.-Ing. Reg.-Baumeister Architekt BDA
Günter Forster, Dipl.-Ing. Architekt BDA

Adresse:
Leopoldstraße 9, 80802 München, T. 0 89-383 56 60
post@claus-und-forster.de, www.claus-und-forster.de
Mitarbeiter: 13
Gegründet: 1980
Tätigkeitsfelder: Bildungsstätten, Sakral- und Gemeinschaftsbauten, Museen/Ausstellungen, Verwaltungsgebäude/Banken, Denkmalpflege, Wohngebäude
Kurzvita:
Wilfried Claus
Mitarbeit bei: Prof. Peter C. v. Seidlein, Prof. Carl Volland
2. Große Staatsprüfung
wiss. Assistent am Lehrstuhl für Entwerfen und Denkmalpflege bei Prof. Otto Meitinger an der TU München
seit 1980   freischaffender Architekt in der Partnerschaft Claus + Forster
Günter Forster
Mitarbeit bei: Prof. Josef Karg, Prof. Behnisch & Partner
wiss. Assistent am Lehrstuhl für Entwerfen und Denkmalpflege bei Prof. Josef Wiedemann, Prof. Otto Meitinger an der TU München
seit 1980   freischaffender Architekt in der Partnerschaft Claus + Forster

Mädchenrealschule Heilig Blut, Erding

Schloss Cadolzburg

Betriebsgebäude Tunnel Farchant

U-Bahn-Station München-Gern

demmel und hadler GmbH
Bernhard Demmel
Gerald Hadler

Adresse:
Paul-Heyse-Straße 29, 80336 München, T. 089-23 55 52 60
info@arch-dh.com, www.arch-dh.com
Mitarbeiter: 4-5
Gegründet: 2005
Tätigkeitsfelder: Hotelprojekte, Büroprojekte, Geschäftshäuser, Wohnhäuser, kirchliche Projekte, öffentliche Bauten wie Schulen und Bibliotheken, Kaffeehäuser
Kurzvita:
Bernhard Demmel

1984-1991	Studium an der TU München und der ETH Zürich
1991-1992	Mitarbeiter im Büro Prof. Fred Angerer
1993-1995	Assistenz an der ETH Zürich
1996-2001	Eigenes Architekturbüro
2001-2006	Zusammenarbeit mit Gerald Hadler und Prof. Fred Angerer
seit 2007	Geschäftsführer der Demmel und Hadler GmbH

Gerald Hadler

1984-1991	Studium an der TU München
1995-1998	Lehrauftrag für Entwerfen an der FH München
1991-1994	Mitarbeiter im Büro Prof. Fred Angerer
1995-2000	Partnerschaft mit Prof. Fred Angerer
2001-2006	Zusammenarbeit mit Bernhard Demmel und Prof. Fred Angerer
seit 2007	Geschäftsführer der Demmel und Hadler GmbH

Diezinger Architekten GmbH
bis Juni 2011: Diezinger & Kramer
Norbert Diezinger

Adressen:
Büro 1: Römerstraße 23, 85072 Eichstätt, T. 0 84 21-978 60
Büro 2: Alte Manggasse 1, 93047 Regensburg
info@diezingerarchitekten.de, www.diezingerarchitekten.de
Mitarbeiter: 12-16
Gegründet: 1987
Tätigkeitsfelder: Schulbau, Wohnungsbau, Sporthallen, Museen, kirchlichen Bauten, Umbau und Sanierungen u. a. öffentlicher Bauten
Kurzvita:
Norbert Diezinger

1982	Diplom an der Universität Stuttgart
1982-1988	Projektarchitekt bei Karljosef Schattner, Eichstätt
1987	Bürogründung in Eichstätt
1991-2011	Partnerschaft mit Gerhard Kramer
seit 1993	Mitglied im Bund Deutscher Architekten BDA
seit 1997	Wettbewerbsjuror und Gestaltungsbeirat
seit 2011	Neufirmierung: Diezinger Architekten GmbH

Cafe Luitpold, München

Cafe Luitpold, München

Hotel Sofitel, München

Mensa FH, Ingolstadt

Historisches Museum, Frankfurt

Gabrieli-Gymnasium, Eichstätt

Caricatura Museum, Frankfurt

Fischer Architekten

Prof. M.Sc. Florian Fischer, Architekt BDA DWB
Alexandra Zeilhofer, Architektin

Adresse:
Gabelsbergerstraße 85, 80333 München, T. 0 89-51 77 70 30
info@fischer-architekten.com, www.fischer-architekten.com
Mitarbeiter: 5
Gegründet: 2002
Tätigkeitsfelder: Kulturbauten, Bildungsbauten, Wohnungsbau, Sanierung, Ausstellungsgestaltung, Interior
Kurzvita:
Prof. M. Sc. Florian Fischer

1986-1994	Architekturstudium an der TU Braunschweig und am Southern California Institute of Architecture Santa Monica, Diplom an der Universität Stuttgart, Master an der Columbia University New York, Mitarbeit bei Frank O. Gehry, Santa Monica und bei UNStudio, Amsterdam
1996-2002	Partnerschaft mit Erhard Fischer, München
seit 2002	Fischer Architekten, München
seit 2009	Professur für „Entwerfen in Theorie und Praxis" an der Georg-Simon-Ohm-Hochschule Nürnberg
2008-2010	Vorsitzender BDA Kreisverband München-Oberbayern

Alexandra Zeilhofer

1987-1992	Architekturstudium Fachhochschule München; Diplom
1993	Mitarbeit bei Anderson Manson Dale Architects, Denver, CO
1994-1998	Mitarbeit bei Prof. Wilfried Mayer, München
seit 1998	Szenenbildassistenz, Art Director bei Filmproduktionen Mitarbeit bei Fischer Architekten
seit 2002	Partnerin Fischer Architekten, München

Fuchs und Rudolph Architekten Stadtplaner

Stefanie Fuchs
Arnd Rudolph

Adresse:
Sommerstraße 36, 81543 München, T. 0 89-62 23 26 66
info@fuchsundrudolph.de, www.fuchsundrudolph.de
Mitarbeiter: 7
Gegründet: 1999
Tätigkeitsfelder: Schulbau, Wohnungsbau, Städtebau
Kurzvita:
Arnd Rudolph, Jahrgang 1967, und Stefanie Fuchs, Jahrgang 1968, beide Studium an der FH München, Diplom 1996 und 1994

seit 1999	Fuchs und Rudolph Architekten München
1999-2008	Neubau und Sanierung von Wohnbauten, Teilnahme an Wettbewerben, u.a.: Wohnquartier Greven, 3. Preis; Neuordnung der Ortsmitte Kelsterbach, 1. Preis; Laborgebäude Hochschule Nürnberg, 2. Preis; Aufnahme in die Stadtplanerliste
2008	Auftrag für das Gymnasium Gaimersheim
2009	Beginn der Planung für das Gymnasium Wendelstein

Einfamilienhaus, München | Hauptverwaltung E.ON Bayern AG, 2. Preis | Wohn- und Geschäftshaus Leopoldstraße, München | Wohnhaus, Vorarlberg

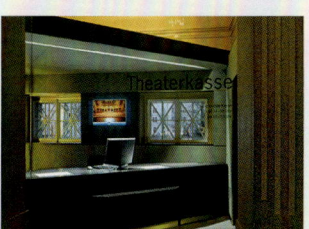  

Prinzregententheater München, Kassenbereich | Wohnungsbau am Hirschgarten, München | Gymnasium Wendelstein, 1. Preis

Glaser Architekten GmbH

Wolfgang Glaser, Freier Architekt BDA

Adresse:
Parkstraße 10, 80339 München, T. 0 89-72 57 93 04
mail@glaserarchitekten.de, www.glaserarchitekten.de
Mitarbeiter: Aussegnungshalle Manching:
Bettina Kirchner, Nina Jahn
Gegründet: 1993
Tätigkeitsfelder: Städtebau und Hochbau
Kurzvita:
1953   geboren in Friedrichshafen
1975   Architekturstudium an der TU Stuttgart
1978   Stipendium in den USA
1983   Projektarchitekt bei Auer + Weber
1988   Lehrtätigkeit
1993   Bürogründung
         Mitglied des BDA Bayern
         Preisrichtertätigkeit

Kinderkrippe Dillinger Straße, München

Seniorenanlage Manching, Markt Manching

Berufsschulzentrum München-Riem

Berufsschulzentrum München-Riem

Goetz Hootz Castorph Architekten und Stadtplaner GmbH

Marco Goetz, Dipl.-Ing. Architekt BDA, Stadtplaner
Katrin Hootz, Dipl.-Ing. Architektin BDA
Matthias Castorph, apl. Prof. Dr.-Ing. Architekt BDA, Stadtplaner

Adresse:
Bäckerstraße 57, 81241 München, T. 0 89-829 99 30, F. 0 89-82 90 80 54,
mail@goetzhootzcastorph.de, www.goetzhootzcastorph.de
Mitarbeiter: 16
Gegründet: 2008
vormals Goetz und Hootz Architekten BDA, gegründet 1990
Tätigkeitsfelder: Private und öffentliche Bauten, Neubauten sowie
Bauen im Bestand, Projektentwicklung und Bebauungspläne,
Ausstellungen
Kurzvita:
Marco Goetz
Architekturstudium Universität Stuttgart, University of Virginia
seit 1988   selbständiger Architekt
1990   Goetz und Hootz Architekten BDA
2003-2005   Vertretungsprofessur TU Kaiserslautern
Katrin Hootz
Architekturstudium Universität Stuttgart, ETH Zürich
seit 1990   Goetz und Hootz Architekten BDA
Mitglied Projektgruppe/-leitung Architekturwochen München A1-A4
Lehrauftrag TU Kaiserslautern, Gastprofessur NDU, St. Pölten
2002-2012   Vorstandsmitglied des BDA Bayern
Mitglied der Beratergruppe Messestadt Riem
Dr. Matthias Castorph
Architekturstudium TU München
seit 1996   Lehre und Forschung an der TU Kaiserslautern
seit 2000   Regierungsbaumeister
seit 2002   Professur an der TU Kaiserslautern
2004-2008   Projektpartner von Goetz und Hootz Architekten BDA

Haus H., Wohnhaus in München

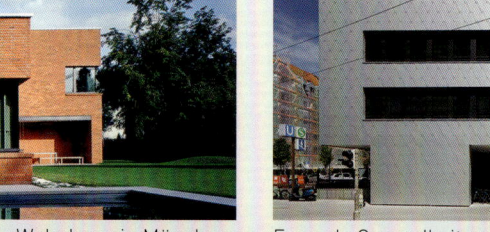
Fassade Gesundheitszentrum Giesinger Bahnhof, München

Drägerwerk AG, Neubau der Firmenzentrale der Drägerwerk AG in Lübeck

HERLE + HERRLE Architekten BDA

Christoph Herle, Dipl.-Ing. Architekt
Klemens Herrle, Dipl.-Ing. Architekt

Adresse:
Sudetenlandstraße 21, 86633 Neuburg an der Donau, T. 0 84 31-478 33
info@herle-herrle.de, www.herle-herrle.de
Mitarbeiter: 5
Gegründet: 1985
Tätigkeitsfelder: Schulen, Kindergärten, Bürogebäude, Produktions- und Lagerhallen, Einfamilienhäuser
Kurzvita:
Christoph Herle
1973 High School Diplom, Clearfield Aeria Highschool, USA
1975 Abitur Taunusschule, Königstein
1983 Architektur Diplom, TU München
1985 Gründung Büro Herle + Herrle
1992 Mitglied der Architektenkammer Bayern
2006 Mitglied im BDA
Klemens Herrle
1974 Abitur Descartes-Gymnasium, Neuburg
1983 Architektur Diplom, TU München
1985 Gründung Büro Herle + Herrle
1987 Mitglied der Architektenkammer Bayern
2006 Mitglied im BDA

kandlerundmack architekten gmbh

Michael Kandler
Karl Mack

Adresse:
Kistlerstraße 1, 81539 München, T. 0 89-62 06 96 21,
www.kandlerundmack.de
Mitarbeiter: 3-5
Gegründet: 2000
Tätigkeitsfelder: Schwerpunkt Wohnungsbau, Neubau und Sanierung
Kurzvita:
Michael Kandler
1968   geboren in München
1995   Diplom an der Fachhochschule München
bis 2000   Guggenbichler+Netzer Architekten GmbH
seit 2000   selbstständiger, freier Architekt
Karl Mack
1965   geboren in München
1987-1990   Schreinerlehre
1995   Diplom an der Fachhochschule München
1991-1997   Büro Rainer Köhler
1997-1998   Büro Schwinde und Schwinde
1998-2000   Plan2 Architekten GmbH
seit 2000   selbstständiger, freier Architekt

Turnhalle Ostend, Neuburg

Realschule, Kösching

Einfamilienhaus, München

Badehaus, Deisenhofen

Sebastian-Lotzer-Realschule, Memmingen

AUDI Kundenbegeisterung, Neuburg-Bruck

Dachgeschoss, München

Badehaus, Deisenhofen

Klein & Sänger Architekten GbR/GmbH

Reiner Klein, Dipl.-Ing. Architekt und Stadtplaner
Reinhart Sänger, Dipl.-Ing. Architekt und Stadtplaner

Adresse:
Agnes-Pockels-Bogen 1, 80992 München, T. 0 89-15 79 04 30
buero@ksarc.de, www.ksarc.de
Mitarbeiter: 22
Gegründet:
1985-1996	Klein Sänger Scheer Architekten GbR
1996	Klein & Sänger Architekten GbR
2010	Klein & Sänger Architekten GmbH

Tätigkeitsfelder: Schwerpunkt Schulbau, Hochschulbau, Forschungsbau, Städtebau
Kurzvita:
1981-1985	Wissenschaftliche Mitarbeiter an der TU München, verantwortlich für Entwurf und Gebäudelehre am Lehrstuhl Entwerfen von Bauten-Gebäudelehre, Prof. B. Winkler.
1985	1. Preis im Wettbewerb der Forstfakultät in Weihenstephan
	Gründung Klein Sänger Scheer Architekten GbR
1994	1. Preis des städtebaulichen Ideenwettbewerbs „Grüne Mitte" in Dresden
1996	Gründung Klein & Sänger Architekten GbR
2010	Gründung Klein Sänger Architekten GmbH

Reiner Klein:
Engagement im BDA, im Vorstand des BDA München-Oberbayern und als Delegierter des BDA Landesverbandes sowie als Mitglied des Arbeitskreises junger Architekten des Bundesverbandes

Gymnasium, Bruckmühl

Chemische Institute und Wasserwesen, Dresden

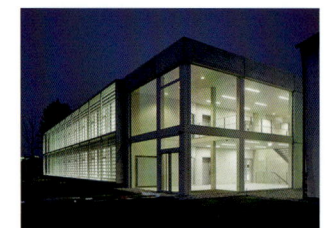

Max-Planck-Institut für Züchtungsforschung, Köln

Architekturbüro Kühnlein

Michael Kühnlein, Dipl.-Ing. univ. Architekt und Städteplaner

Adresse:
Sollngriesbacher Straße 4, 92334 Berching, T. 0 84 62-941 30
info@ab-kuehnlein.de, www.ab-kuehnlein.de
Mitarbeiter: 20
Gegründet: 2001
Tätigkeitsfelder: Wettbewerbe, Plangutachten, städtebauliche Planungen, Gestaltungsfibeln und Satzungen, Bauleitplanungen, Freiflächenplanungen, Dorferneuerungsmaßnahmen, Architektur im Hochbau und Innenausbau, Sanierungen, Denkmalpflege, Unterrichtsprojekte mit Schulen
Kurzvita:
Schreinerlehre, Abitur, Studium an der TU München, Angestelltentätigkeit in München
seit 1982	selbstständig

Mitglied der Bayerischen Architektenkammer
1987–1995	Architektengruppe Heid-Wittmann-Kühnlein
1995–2001	Architekten Kühnlein Wittmann
seit 2001	Architekturbüro Kühnlein
seit 1997	Kreisheimatpfleger Neumarkt

Mensa Gymnasium, Parsberg

Erweiterung Utzmühle, Beilngries

Aussegnungshalle Friedhof, Deining

Sanierung und Umbau ehem. Pfarrhof, Pelchenhofen

Kutschker Leischner Architekten GmbH
Jan Kutschker
Florian Leischner

Adresse:
Hauptstraße 3, 82319 Starnberg, T. 0 81 51-44 95 77
info@k-l-architekten.de, www. k-l-architekten.de
Mitarbeiter: 2
Gegründet: 2004
Tätigkeitsfelder: Wohnungsbau, öffentliche Bauten
Kurzvita:
Jan Kutschker
1968	geboren in Heidelberg
1990-1995	Studium der Architektur an der FH Coburg
1995-1997	Mitarbeit in verschiedenen Berliner Büros
1998-1999	Mitarbeit in einem Münchner Büro
seit 1996	selbstständig
seit 2004	Kutschker Leischner Architekten GmbH

Florian Leischner
1969	geboren in Erlangen
1991-1996	Studium der Architektur an der FH Coburg
1996-1998	Mitarbeit in verschiedenen Berliner Büros
1999-2003	Mitarbeit in verschiedenen Münchener Büros
seit 2004	Kutschker Leischner Architekten GmbH

Lechner · Lechner Architekten
Wolfgang Lechner, Dipl.-Ing. Architekt

Adresse:
Oswaldstraße 2, 83278 Traunstein, T. 08 61-98 65 60
w.lechner@lechnerarchitekten.de, www.lechnerarchitekten.de
Mitarbeiter: 8
Gegründet: 2004
Tätigkeitsfelder: alle Bereiche des Planens und Bauens
Kurzvita:
Wolfgang Lechner
1967	geboren
1987-1994	Studium an der TU München und der ETH Zürich
1994	Kulturpreis Bundesverband Deutscher Wirtschaft, BDI
1994-1995	Mitarbeit bei KPF Architekten in London
1995-2005	eigenes Büro in Berlin
seit 2004	gemeinsames Architekturbüro mit Rudolf Lechner

Rudolf Lechner
1934	geboren
1962	Bürogründung
seit 2004	gemeinsames Architekturbüro als Seniorpartner mit Wolfgang Lechner

Ärztehaus, Grünwald

Kindergarten, Starnberg

Ganztagsbetreuung Realschule, Traunstein

Sport- und Versammlungshalle, Mallersdorf

Wohnhaus, Starnberg

Wohnhaus, Weilheim

Pfarrhof St. Oswald, Traunstein

Hackschnitzelheizwerk, Traunstein

leitenbacher spiegelberger Architekten

Gerti Leitenbacher
Jochen Spiegelberger

Adresse:
Haslacher Straße 20, 83278 Traunstein, T. 0 861-909 98 71
mail@ls-ais.com, www.ls-ais.com
Gegründet: 1999
Tätigkeitsfelder: Architektur, Innenarchitektur, Stadtplanung
Kurzvita:

Gerti Leitenbacher

1968	geboren in Traunstein
1987-1992	Studium Innenarchitektur, Diplom
1992-1996	Studium Architektur, Diplom
1992-1999	freiberufliche Tätigkeit
1999	Eintragung BYAK
1999	Gründung LS Architekten
2006	Berufung BDA

Jochen Spiegelberger

1968	geboren in Traunstein
1988-1992	Studium Innenarchitektur, Diplom
1992-1996	Studium Architektur, Diplom
1992-1999	freiberufliche Tätigkeit
1999	Eintragung BYAK
1999	Gründung LS Architekten
2006	Berufung BDA

meck architekten

Prof. Andreas Meck
Axel Frühauf

Adresse:
Kellerstraße 39, 81667 München, T. 0 89-614 58 90
office@meck-architekten.de, www.meck-architekten.de
Mitarbeiter: 10
Gegründet: 1989, seit 2011 meck architekten gmbh
Tätigkeitsfelder: Raumkunst und Lebensraum
Kurzvita:

Prof. Andreas Meck

1959	geboren in München
1979-1985	Architekturstudium an der TU München, Diplom
1985-1986	Architectural Association London, Graduate Diploma
1989-1990	Assistent am Lehrstuhl für Raumgestaltung und Entwerfen, Prof. M. Kovatsch, Akademie der Bildenden Künste, München
1989	Bürogründung in München
seit 1998	Professur für Entwerfen und Baukonstruktion, an der Hochschule für Angewandte Wissenschaften München
seit 2006	Mitglied der Deutschen Akademie für Städtebau und Landesplanung
seit 2007	Mitglied der Bayerischen Akademie der Schönen Künste

Axel Frühauf

1977	geboren in Mutlangen
1998-2004	Architekturstudium an der Hochschule München
2004-2011	eigenes Büro in München u.a. freie Mitarbeit bei meck architekten
seit 2011	Lehrauftrag an der Hochschule München
seit 2011	Geschäftsführender Gesellschafter meck architekten gmbh

Grundschule Mitte, Oberursel

Grundschule, Stierstadt

Denkmalsanierung, Traunstein

Aussegnungshalle München-Riem

Dachausbau, München

Dominikuszentrum, München

Pacelli-Palais, München

moosmang architekten

Frank Leinberger, Dipl.-Ing. (TU) Architekt
Reinhard Moosmang, Dipl.-Ing. (TU) Architekt

Adresse:
Bahnhofstraße 17, 82166 Gräfelfing, T. 0 89-856 20 56
moosmang@moosmang.de, www.moosmang.de
Mitarbeiter: 6
Gegründet: 1986
Tätigkeitsfelder: Schul- und Sportstättenbau, öffentliche Bauten, Wohnungsbau, Städtebau
Kurzvita:
Reinhard Moosmang

1949	geboren
	Studium an der TU München
1973-1987	Mitarbeit in den Büros Alexander Pagenstecher und Walther + Bea Betz, München
seit 1986	im Würmtal selbstständig

Frank Leinberger

1958	geboren
	Studium an der TU München
1983-1993	Mitarbeit in den Büros Alexander Pagenstecher und Walther + Bea Betz, München, und Reinhard Moosmang
seit 1993	Gesellschafter im Büro Moosmang

Florian Nagler Architekten GmbH

Florian Nagler
Barbara Nagler

Adresse:
Theodor-Storm-Straße 6, 81245 München, T. 0 89-820 05 10
info@nagler-architekten.de, www.nagler-architekten.de
Mitarbeiter: 16
Gegründet: 1996
Tätigkeitsfelder: Architektenleistungen für sämtliche Leistungsphasen
Kurzvita:
Barbara Nagler

1989-1995	Architekturstudium an der Universität Kaiserslautern
1995-1997	freie Mitarbeit in Stuttgarter Büros
1997-2000	freie Mitarbeit im Büro Florian Nagler
2001	gemeinsames Büro in München mit Florian Nagler

Florian Nagler

1987-1989	Lehre als Zimmermann
1989-1994	Architekturstudium an der Universität Kaiserslautern
1994-1997	freie Mitarbeit im Büro Mahler Günster Fuchs
1996-1999	freier Architekt/Büros in Stuttgart und München
2000-2001	Professorenvertretung an der Bergischen Universität Wuppertal
2001	gemeinsames Büro in München mit Barbara Nagler
2002	Gastprofessur an der "Royal Danish Academy", Kopenhagen
2005-2006	Gastprofessur an der Hochschule für Technik Stuttgart
2010	Mitglied der Akademie der Künste Berlin
2010	Professur für Entwurfsmethodik und Gebäudelehre, TU München

Europäische Schule, München

Musikschule, Geretsried

Firmensitz BASS, Niederstetten

Datenwerk Lemkau, München-Riem

Sozialer Wohnungsbau, Krailling

Wohnhaus, Thelen

Wohnhaus S, Icking-Attenhausen

Kirchenzentrum München-Riem

Nickl & Partner Architekten AG

Prof. Christine Nickl-Weller, Architektin
Prof. Hans Nickl, Architekt
Gerhard Eckl, Architekt

Adresse:
Lindberghstraße 19, 80939 München, T. 089-360 51 40
mail@nickl-architekten.de, www.nickl-architekten.de
Mitarbeiter: über 100 Architekten
Gegründet: 1979
Tätigkeitsfelder: Bauten der Gesundheit, der Forschung und Lehre, der Verwaltung, sozialer Wohnformen und der Stadtentwicklung
Kurzvita:
Prof. Christine Nickl-Weller
Studium an der Technischen Universität München
seit 1988   Architektengemeinschaft Nickl & Partner
seit 1993   Geschäftsführerin bei Nickl & Partner
2004   Berufung an die TU Berlin
seit 2008   Vorstand der Nickl & Partner Architekten AG
Prof. Hans Nickl
Studium an der Technischen Universität München
seit 1979   eigenes Büro in München
seit 1988   Architektengemeinschaft Nickl & Partner
1992-2003   Professor an der FH Erfurt
seit 2004   Gastprofessor an der TU Berlin
seit 2008   Vorsitzender des Aufsichtsrats der Nickl & Partner Architekten AG
Gerhard Eckl
Studium an der Technischen Universität Darmstadt
seit 1996   Architekturbüro Nickl & Partner München
seit 1999   Mitglied der Büroleitung
seit 2008   Vorstand der Nickl & Partner Architekten AG

Petzenhammer Architekten und Stadtplaner

Claudia Petzenhammer, Dipl.-Ing.

Adresse:
Rosenheimer Straße 1, 83043 Bad Aibling, T. 0 80 61-300 64
info@petzenhammer.net, www.petzenhammer.net
Mitarbeiter: 4-6
Gegründet: 1978
Tätigkeitsfelder: Schulbauten, Wohnungsbau, Industrie- und Gewerbe, Bebauungspläne
Kurzvita:
1975   geboren in Rosenheim
Studium der Architektur an der Fachhochschule München
Studium der Stadtplanung mit Schwerpunkt Projektmanagement in Hamburg an der Hafen City University
Auslandssemester in Mailand am Polytecnico Milano
Mitarbeit in diversen Büros
seit 2000   selbstständig

Dialysezentrum, Wien-Donaustadt

Forschungs- und Verfügungsgebäude der Universität Tübingen

Süd-Chemie Laborgebäude, Heufeld

Süd-Chemie Verwaltungsgebäude, Heufeld

Kinder- und Herzzentrum, Innsbruck

Universitätsklinik, Hamburg-Eppendorf

Einfamilienhaus Pongratz, Niederaufdorf

Wirtschaftsschule, Bad Aibling

Thomas Pscherer Architekt
Thomas Pscherer

Adresse:
Adalbertstraße 23, 80799 München, T. 089-43 67 09 79
thomaspscherer@arcor.de, www.pscherer-architekt.de
Gegründet: 1996
Tätigkeitsfelder: Architektur denken und bauen
Kurzvita:
1988-1993   Architekturstudium an der FH München
1993   Diplom
1993-1996   Mitarbeit im Architekturbüro Prof. Helmut Gebhard,
            Bernhard Landbrecht, Christian Stadler in München,
seit 1996   selbstständig tätig

s+p dinkel Architekturbüro
Paul Dinkel
Stefan Dinkel

Adresse:
Zeppelinstraße 2, 82205 Gilching, T. 0 81 05-778 74 70
kontakt@s-p-dinkel.de, www.s-p-dinkel.de
Mitarbeiter: 3-5
Gegründet:
1984   Bürogründung Dinkel-Lohberger-Wallner in Germering
seit 2003   s+p dinkel Architekturbüro in Gilching
Tätigkeitsfelder: Architektur, Innenarchitektur, Städtebau, Energieberatung, Passivhausplanung
Kurzvita:
Stefan Dinkel
1970   geboren in München
1991-1996   Architekturstudium an der Fachhochschule Coburg
1993-1996   Tutorium am Lehrstuhl Entwerfen- und Gebäudelehre
            bei Prof. Klippel
1996-1999   Mitarbeit bei Glaser Architekten, München
2000   Mitarbeit bei Koch und Partner, München
2000-2004   freie Mitarbeit bei Auer + Weber + Architekten, München
seit 2004   Partner in in s+p dinkel Architekturbüro, Gilching

Einfamilienhaus, Unterschwarzenberg

Einfamilienhaus, München-Trudering

Büro- und Betriebsgebäude, Gilching

Mehrfamilienhaus, München

Einfamilienhaus, Pähl am Ammersee

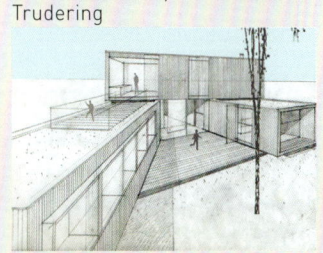

Haus im Moos

Wohnanlage Alter Sportplatz, Schondorf

Einfamilienhaus, Pflaumdorf

SCHANKULA Architekten
Arthur Schankula, Dipl.-Ing. (FH) Architekt

Adresse:
Garmischer Straße 35, 81373 München, T. 089-28 80 55 21
info@schankula.com, www.schankula.com

Mitarbeiter: 4
Gegründet: 2003
Tätigkeitsfelder: Schul- und Kindergartenbau, Wohn- und Heimbauten, Sanierungskonzepte, Forschungsprojekte
Kurzvita:

1958	geboren in Arad (Rumänien)
1978-1987	Studium Maschinenbau an der Technischen Universität München, Architektur an der Fachhochschule München
1987-1990	Mitarbeit in div. Architekturbüros u.a. SEP Baur
1990-2002	Mitarbeit bei Prof. Thomas Herzog
2003	Gründung SCHANKULA Architekten

schmidt heinz pflüger architekten
Heike Schmidt, Dipl.-Ing. (Univ.) Architektin
Rudolf Heinz, Dipl.-Ing. (Univ.) Architekt
Jürgen Pflüger, Dipl.-Ing. (FH) Architekt

Adresse:
Auf dem Plan 5, 85368 Moosburg a.d. Isar, T. 0 87 61-630 47 90
info@schmidtheinzpflueger.de, www.schmidtheinzpflueger.de

Mitarbeiter: 2; 3 Partner
Gegründet: 2011
Tätigkeitsfelder: Innenausbau, Wohnen, Sport und Freizeit, Bildung und Kultur, Büro und Industrie, Gesundheit und Pflege sowie Bauen im Bestand
Kurzvita:

Heike Schmidt

1978	geboren in Nürnberg
2000-2006	Studium Architektur an der TU München
2006	Gründung schmidtundheinz gestalten planen bauen
2011	Gründung schmidt heinz pflüger architekten GmbH

Rudolf Heinz

1977	geboren in Landshut
2000-2006	Studium Architektur an der TU München
2006	Gründung schmidtundheinz gestalten planen bauen
2006-2008	Wissenschaftlicher Assistent am Lehrstuhl für Gestaltung und Darstellung, Prof. Dr. Rudolf Wienands M.A.
2011	Gründung schmidt heinz pflücher architekten GmbH

Jürgen Pflüger

1958	geboren in Ochsenfurt
1978-1982	Studium Architektur an der FH Regensburg
1982-1984	Studium Bautechnik an der TU München
1984	Gründung Architekturbüro Jürgen Pflüger
2011	Gründung schmidt heinz pflüger architekten GmbH

Holzhaus, Bad Aibling

Mensapavillon Ludwig-Thoma-Realschule

Erweiterung Michaeligymnasium, München

Einfamlienhaus, Allershausen

Dachausbau, Buch am Erlbach

Einfamlienhaus, Allershausen

Pfarrheim, Gammelsdorf

spandriwiedemann architekten
Elia Spandri
Sebastian Wiedemann

Adresse:
Kochelseestraße 10 RGB, 81371 München, T. 0 89-244 07 67 05
info@spandriwiedemann.de, www.spandriwiedemann.de
Mitarbeiter: 1-2
Gegründet: 2009
Tätigkeitsfelder: Wohnbau, Gewerbe, Sakralbau, Neubau, Umbau, Sanierung, energetisches und ökologisches Bauen, Interior
Kurzvita:
Elia Spandri

1979	geboren in Venedig
1998-2005	Architekturstudium an der TU München
2003-2005	Mitarbeit bei Herzog & De Meuron, Allianz Arena
2006-2009	Mitarbeit bei Rpm Architekten, München
seit 2009	Spandriwiedemann

Sebastian Wiedemann

1976	geboren in München
2000-2006	Architekturstudium an der TU München
2006	Mitarbeit bei Hildmann Wilke Architekten, München
2007-2009	Mitarbeit bei Allmann Sattler Wappner, München
seit 2009	Spandriwiedemann

Sunder-Plassmann Architekten Stadtplaner BDA
Bettina Sunder-Plassmann, Dipl.-Ing. Architektin
Benedikt Sunder-Plassmann, Dipl.-Ing. Architekt Stadtplaner BDA

Adresse:
Im Schloss, 86926 Greifenberg, T. 0 81 92-99 80 30
architekten@sunder-plassmann.net, www.sunder-plassmann.net
Mitarbeiter: 4
Gegründet: 1975
Tätigkeitsfelder: Öffentliche Bauten, Schulen und Kindergärten, Umbauten und Erweiterungen, Sanierung unter Denkmalschutz, Wohnbauten und Einfamilienhäuser, Sonnenhäuser und Passivhäuser, Bauten für Gesundheit und Pflege
Kurzvita:
Bettina Sunder-Plassmann

1971	geboren in Magdeburg
1995-1997	Studienaufenthalt in Budapest und Rom
1999	Diplom Architektur an der Bauhaus-Universität Weimar
1999-2000	Tätigkeit für Gesine Weinmiller, Berlin, und für Dr. Krekeler, Brandenburg
2001	Sunder-Plassmann Architekten Stadtplaner BDA

Benedikt Sunder-Plassmann

1970	geboren in München
1990-1992	Zimmererlehre, Geselle
1995-1998	Studienaufenthalt in den Niederlanden und der Schweiz
1999	Diplom Architektur an der Bauhaus-Universität Weimar
1999-2001	Tätigkeit für Burkhalter & Sumi, Zürich und Diener & Diener, Berlin
2001	Sunder-Plassmann Architekten Stadtplaner BDA
2002-2010	Lehrtätigkeit an der TU München

Haus K1, Bachhausen/Berg

Haus K2, Ambach/Starnberger See

Kinderhaus, Breitbrunn

Wohnen an der Arnulfstraße, München

Haus R, Seeheim/Starnberger See

Haus W, München

Haus, Bornhöft

Umbau denkmalgeschützter Bahnhof zum Rathaus Feldafing

terrain: loenhart & mayr BDA, architekten und landschaftsarchitekten

Klaus K. Loenhart, Univ.-Prof. Dipl.-Ing. MLA MDesS
Christoph Mayr, Dipl.Ing.

Adresse:
Marienplatz 28, 80331 München, T. 0 89-51 99 71 10
info@terrain.de, www.terrain.de
Mitarbeiter: 9
Gegründet: 2003
Tätigkeitsfelder: Architektur, Landschaftsarchitektur, Landschaftsurbanistik
Kurzvita:
Klaus K. Loenhart
Studium der Architektur an der Hochschule für angewandte Wissenschaften in München, Landschaftsarchitektur und Architekturtheorie an der Harvard Graduate School of Design in Cambridge, USA; Entwicklung des disziplinären Interessensfelds während der Praxis bei Herzog & de Meuron als auch mit der Lehrtätigkeit an der Harvard GSD
2003   Rückkehr aus den USA, Gründung des Büros terrain: in München mit Christoph Mayr
seit 2007   Leitung des Instituts für Architektur und Landschaft an der TU Graz

Christoph Mayr
Studium der Architektur an der Hochschule für angewandte Wissenschaften in München
Entwicklung einer kombinierten Praxis von Architektur und Landschaft über Projekte größeren Maßstabs für Kiessler&Partner
Als Partner im Büro msp verantwortlich für das landschaftsurbane Projekt der Infineon-Zentrale in München
2003   Gründung des Büros terrain: mit Klaus Loenhart

Unterlandstättner Architekten

Thomas Unterlandstättner

Adresse:
Holzstraße 7, 80469 München, T. 0 89-45 20 57 50
info@u-architekten.de, www.u-architekten.de
Mitarbeiter: 6
Gegründet: 1999
Tätigkeitsfelder: Wohnungsbau (Neubau und Sanierung Denkmalschutz), öffentliche Bauten, Innenausbau
Kurzvita:
1969   geboren in München
1991-1996   Studium Architektur in München
1996-1999   Architekt bei Gasteiger Architekten und Theo Keller Architekten
seit 1999   eigenes Büro in München
2003   Aufbaustudium Master of Engineering in Würzburg

Gartenpavillon, Bad Tölz

Orang-Utan-Gehege Hellabrunn, München

Wohngebäude Gärtnerplatzviertel, München

Dachausbau, München

Kletterhalle, Bruneck

Seebrücke, Genf

Revitalisierung, München

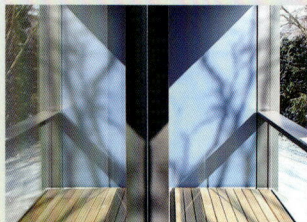

Pfarrhaus, München

Büro Baumeister, Architekturkommunikation
Nicolette Baumeister

Adresse:
Karlstraße 55, 80333 München, T. 0 89-59 08 38 60
info@buero-baumeister.de, www.buero-baumeister.de
Mitarbeiter: 2 feste und projektbezogen
Gegründet: 2001
Tätigkeitsfelder: Redaktion, Moderation, Konzeption, Ausstellungen, Öffentlichkeitsarbeit, Kommunikationskonzepte
Mitgliedschaften:
Konvent der Baukultur, Förderverein Stiftung Baukultur
Referenzen (Auswahl):
Architekturwoche München A1, A3 und A5, Städtebaulicher Pfad Messestadt Riem, PR Architekturbiennale Venedig 2010, Messe FREIRAUM, Ausstellungen und Publikationen für öffentliche und private Auftraggeber, Herausgeberin der Publikationsreihe „Baukulturführer"

Büro Wilhelm. Kommunikation und Gestaltung
Wilhelm Koch, Dipl. Komm.-Designer (FH)
Gerhard Wilhelm Schmidt, Dipl. Komm.-Designer (FH)
Manfred Wilhelm, Dipl. Komm.-Designer (FH)

Adresse:
Lederergasse 5–7, 92224 Amberg, T. 0 96 21-333 16
www.buero-wilhelm.de
Mitarbeiter: 2 feste und projektbezogen
Gegründet: 1994 als Koch-Schmidt-Wilhelm GbR
Tätigkeitsfelder: Corporate Design, Print Design, Web Design, Programmierung & Multimedia, Ausstellungen, Messen, öffentlicher Raum, Büro Wilhelm Verlag
Mitgliedschaften:
BDG Bund Deutscher Grafikdesigner, Stadtmarketing Amberg e.V.
Anerkannter Ausbildungsbetrieb der IHK
Auszeichnungen:
Sieger Plakatwettbewerb DAHW, Sieger Plakatwettbewerb Brot für die Welt, Augsburger Medienpreis 2010, Kulturpreis des Bezirks Oberpfalz 2001 (Wilhelm Koch), Kulturpreis Bayern 2008 (Wilhelm Koch), „Förderpreis Kulturvermittlung" der Internationalen Bodenseekonferenz 2011 (Wilhelm Koch)

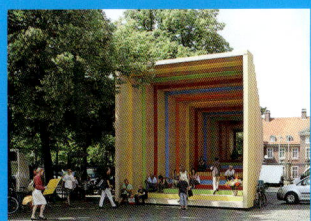

Kommunikationskonzept für die Kampagne „Sehenlernen"

Ausstellung Rathausgalerie, München

Architekturwoche A4

Reihe Baukulturführer

Architekturklub im Haus der Kunst, München

Zentrale Infobox, München-Riem

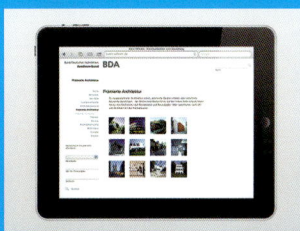

www.bda-bund.de

www.automuseum-maybach.de

Predigtstuhl 2007 (Blick vom Predigtstuhl bei Bad Reichenhall in Richtung Untersberg)

GRAPHISOFT spricht die Sprache der Architekten – weltweit!

ARCHICAD®, die BIM-Komplettlösung für zukunftsfähige Architektur auf der Basis des Virtuellen Gebäudemodells™. Anwenderfreundlich, innovativ, effektiv!

WWW.GRAPHISOFT.DE

GRAPHISOFT.

Zwischen Himmel und Erde gibt es einen Ort.   DAS TEGERNSEE
www.dastegernsee.de   hotel & spa

WALTER KNOLL

Exec-V. Executive-Variable bringt die Höhenverstellbarkeit ins Chefzimmer. Das Headoffice für flexible Funktionen und kultivierte Repräsentanz. Arbeiten im Sitzen wie im Stehen. Ergonomisch und gesund. Design: Wolfgang C. R. Mezger.

Erhältlich in München bei:

Gesellschaft für moderne Einrichtung mbH   T 089/30 63 07-0 · F 089/30 63 07-92 20
Leopoldstraße 121 · 80804 München   www.designfunktion.de · info@designfunktion.de   www.walterknoll.de

TANNERHOF
Ihr Versteck in den Bergen

Rückzug oder raus in die Natur, fasten oder freudvoll genießen, Bauernhaus oder Turmgenuss ... Willkommen!

Mitglied bei:  TANNERHOF Naturhotel & Gesundheitsresort
Tannerhofstraße 32 • D-83735 Bayrischzell
Telefon: +49 (0)8023-810 • www.tannerhof.de

architekturgalerie
münchen

Architekturgalerie München e.V.
Türkenstraße 30
80333 München
mail@architekturgalerie-muenchen.de

Öffnungszeiten:
Mo, Di, Mi: 9.30 – 19.00 Uhr
Do, Fr: 9.30 – 19.30 Uhr
Sa: 9.30 – 18.00 Uhr

Die Architekturgalerie versteht sich als Plattform für die Diskussion um Architektur und verwandte Themenfelder in ihrer Auseinandersetzung mit Raum, wie etwa Fotografie, Video, Bühnenbild und Skulptur. Die Eröffnungsabende der Ausstellungen, ebenso wie die zahlreichen Themenabende mit Vorträgen, Buchvorstellungen und Diskussionen bringen unterschiedlichste Personengruppen zusammen und fördern den lebendigen Diskurs über Architektur und Planung.

Werden Sie Mitglied:
www.architekturgalerie-muenchen.de

IMPRESSUM

AKTUELLE ARCHITEKTUR IN OBERBAYERN BAND I
Beispiele aktueller Baukultur

Wir danken den Juroren
- Nicola Borgmann, Architektin und Leiterin Architekturgalerie München, Bayerischer Architekturpreis 2010
- Jakob Dunkl, querkraft architekten, Wien
- Dr. Andres Lepik, Direktor Architekturmuseum München, Professor für Architekturgeschichte und kuratorische Praxis an der Technischen Universität München
- Ira Mazzoni, freie Autorin und Journalistin, Mallersdorf-Pfaffenberg

Hermann Glombitza, Amberg, Lektorat

Redaktion:
Nicolette Baumeister
Assistenz: Katrin Winstel
www.buero-baumeister.de

Konzeption und Gestaltung:
Büro Wilhelm. Kommunikation und Gestaltung, Amberg
Wilhelm Koch, Gerhard Schmidt, Manfred Wilhelm, Sebastian Ehbauer
www.buero-wilhelm.de

Bildnachweise:
Titelseite:
Reinhard Bauer, München
Umschlag innen, S. 10/11, 98/99, 118/119, 124/125:
Ulrich Schmitt, München
www.ulrichschmitt.de

Produktion:
Frischmann Druck und Medien, Amberg
www.frischmann-net.de

Auflage:
2000

ISBN:
978-3-943242-12-6

Preis:
19,80 EURO

Die Deutsche Bibliothek - CIP Einheitsaufnahme
Ein Titeldatensatz für diese Publikation ist bei der Deutschen Bibliothek erhältlich.

Das Werk einschließlich aller seiner Teile ist urheberrechtlich geschützt. Jede Verwertung außerhalb der engen Grenzen des Urheberrechtes ist ohne schriftliche Genehmigung des Herausgebers unzulässig und strafbar. Das gilt insbesondere für Vervielfältigungen, Übersetzungen, Mikroverfilmungen und die Einspeicherung und Verarbeitung in elektronischen Systemen.

© 2012
Herausgeber:
Nicolette Baumeister, München
Büro Wilhelm Verlag, Amberg
Koch-Schmidt-Wilhelm GbR

Isar 2010 (beim Maximilianeum, München)

Wolnzach 1996 (Schutzwald im Hopfengarten in der Holledau)